이야기를 설계하라

이야기를 설계하라

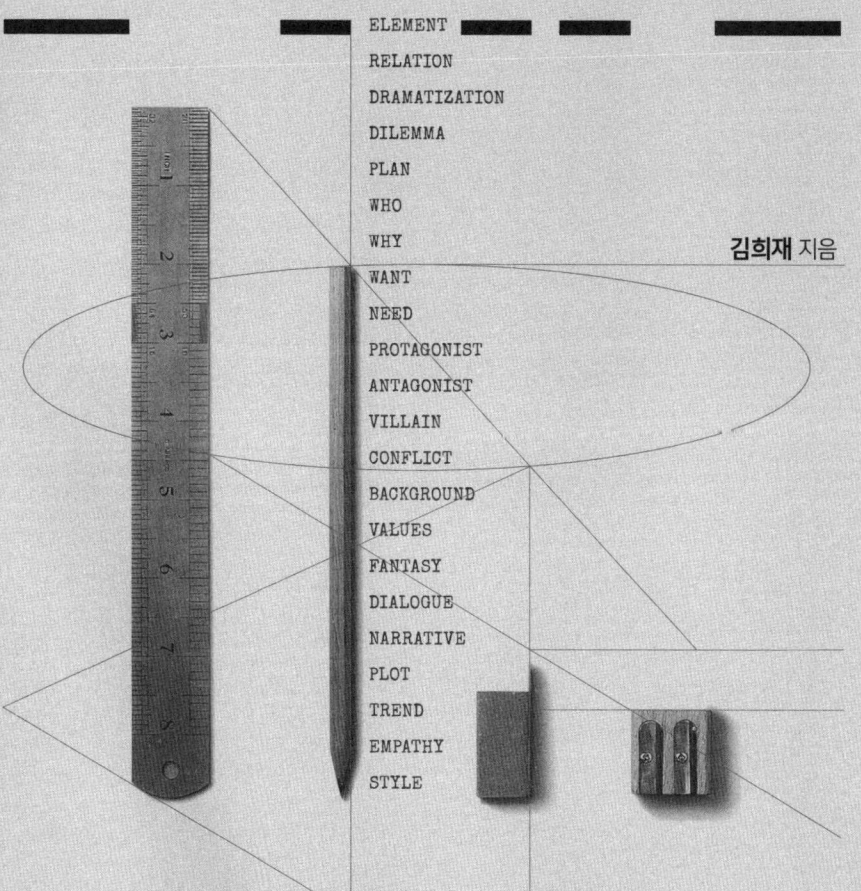

CONTENTS
RULE
FORMULA
CONVENTION
ICON
THEME
ELEMENT
RELATION
DRAMATIZATION
DILEMMA
PLAN
WHO
WHY
WANT
NEED
PROTAGONIST
ANTAGONIST
VILLAIN
CONFLICT
BACKGROUND
VALUES
FANTASY
DIALOGUE
NARRATIVE
PLOT
TREND
EMPATHY
STYLE

김희재 지음

CABINET

들어가며

이 책을 통해 공유하고 싶은 것은 30년 조금 넘게 이야기를 지으면서 쌓아 왔던 방법에 관한 것이다. '이야기를 짓는다'라고 하는 것은 '글을 쓰는 것'과는 다르다. 글은 이야기를 표현하기 좋은 수단 가운데 하나다. 글을 수단으로 이야기가 아닌 사실을 설명할 수도 있고, 사건을 기록할 수도 있다. 글로 표현된 것 가운데는 이야기인 것도 있고 아닌 것도 있다. 또한 이야기라는 것은 거의 모든 곳에 들어가 있기 때문에 굉장히 광범위하다. 사람이 살아가고 있는 모든 곳, 모든 관계에 이야기가 쌓여 있다.

이 책에서는 장르적인 이야기만 다루고자 한다.

콘텐츠 업계에서 자본을 움직이고, 사람을 모으고, 대중에게 사랑받는 이야기.

〈국화꽃 향기〉라는 영화 시나리오를 끝내고 얼마 지나지 않았을 때의 일이다. 〈국화꽃 향기〉의 투자자 K감독님이 C회사에서 〈실미도〉라는 영화를 기획하며 작가를 찾고 있는 상황이었다. 당시 조감독이던 후배의 추천으로 작가로서 〈실미도〉 시나리오 작업에 참여하게 되었다. 그때 K감독님은 악수를 청하며 "〈국화꽃 향기〉만큼만 써 주세요"라고 말씀하셨다. 투자자로서 〈국화꽃 향기〉를 검토하고 투자 결정을 한 K감독님의 요청이었다.

〈국화꽃 향기〉는 멜로의 극단에 있는 작품이고, 〈실미도〉는 그 대척점에 있는 영화라고 할 수 있으니 이 요청은 고개가 갸웃할 수도 있는 말이었다. 그러나 K감독님이 의도한 바는 내게 정확히 전달되었다.

바로 "장르적 시나리오를 써 주세요"였다.

약속이 있고, 약속 안에서 규칙을 따라서 만들어진 이야기. 그러한 이야기로서 〈실미도〉라는 영화가 자리매김을 할 수 있도록 시나리오를 써 달라는 부탁이었다.

공통의 설계 약속을 지킨다면 장르에서 장르를 뛰어넘는 일은 그리 어렵지 않다. 장르적 이야기의 속성이 그렇다. 장르적 이야기 속에는 알고, 배우고, 단련하면 이야기를 설계해 나가는 데 유용하게 쓸 수 있는 요소들이 많다.

이 책은 이론서가 아니다.

그러니까 '내가 본 책에는 그렇게 쓰여 있지 않았는데?'라는 생각이 든다면 미련 없이 책을 접기를 권한다.

이 책에 담긴 장르적 이야기를 쌓는 방법에 관한 섯은 이야기를 만들어서 생계를 이어 온, 전업 작가로서 살아온 세월 속에서 쌓은 노하우다. 이론서에 나와 있는 이야기와 조금 다를 수도 있고, 내용 사이에 모순이 발생할 수도 있다. 철저하게 경험적인 것이다. 시쳇말로 맨땅에 헤딩을 해 가면서 길을 찾아서 헤맸는데, 긴 시간 같은 작업을 반복하다가 돌아봤을 때 '이 방법이었으면 내가 조금 더 편하게 왔겠구나', '이런 식으로 접근을 하면 시간을 훨씬 줄일 수 있었겠구나'라고 깨달으면서 정리한 방법들이다.

차례

들어가며 _05

1장. 콘텐츠에서 장르적 이야기란?
　1. 장르의 법칙이 만들어지는 과정 _13
　2. 장르의 법칙은 변화한다 _19
　3. 장르가 담고 있는 큰 법칙과 작은 규칙 _23
　4. 포뮬러와 컨벤션 _27
　5. 컨벤션 비틀기 _33
　6. 아이콘 _41

2장. 이야기의 재료들을 모아 뼈대 구축하기
　1. 주제
　　(1) 주제란? _47
　　(2) 주제의 기능 - 〈실미도〉를 중심으로 _55
　　(3) 주제와 이야기 요소의 상관관계 - 《소실점》을 중심으로 _67
　　(4) 각색에서의 주제 - 〈국화꽃 향기〉를 중심으로 _71
　　(5) 절대적으로 좋은 소재가 있을까? _77
　　(6) 응축력 있는 소재 - 딜레마와 실화 _81
　　(7) 소재를 발굴해 가는 과정 - 《로고스 가디언》을 중심으로 _87
　　(8) 기획과 소재 - 〈공공의 적 2〉를 중심으로 _95

2. 인물과 배경
  (1) Who와 Why _99
  (2) Want와 Need _105
  (3) 주제와 주인공 _115
  (4) 프로타고니스트와 안타고니스트 _129
  (5) 매력적인 악당 _135
  (6) 고전적인 인물 관계 설정 – 적대자와 조력자 _141
  (7) 갈등을 내포하는 인물 관계 – 시대의 가치관 반영 _149
  (8) 시간적 배경 – 가치관을 담고 있는 사극의 시간 배경 _153
  (9) 법칙을 세워야 하는 장르들 - 호러, SF, 판타지의 공간 배경 _161

3. 플롯
  (1) 플롯은 무엇인가? _171
  (2) 플롯과 주제 _179
  (3) 플롯이 트렌드 _185
  (4) 심고 거두기 _191
  (5) 메인 플롯과 서브 플롯 _197

4. 감정 이입
  (1) 보편적 가치와 정서로 만드는 감정 이입 _203
  (2) 감정 이입을 만들어 주는 요소들 – 성장 환경, 매력, 콘텍스트 _209

3장. 매체를 넘어 새로운 대중을 만난다는 것
1. 문체
  (1) 미문의 유혹 _215
  (2) 대사와 지문 _219

2. 매체의 속성과 문법에 맞게 내 이야기 변형하기 _225

마무리하며 _229

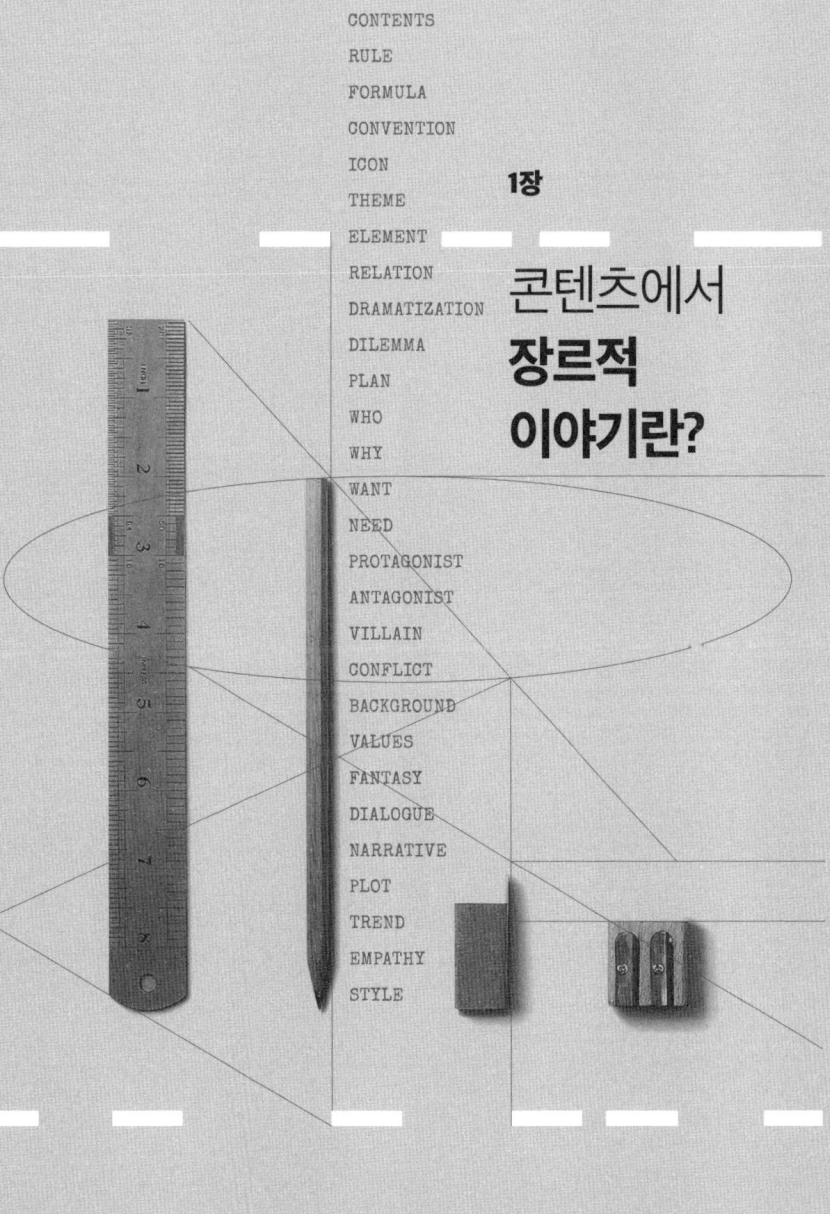

1. 장르의 법칙이 만들어지는 과정

'장르', 유형 또는 종류라는 의미의 프랑스어로 여러 분야에서 흔하게 사용하는 단어다. 순수 문학은 희곡, 시, 수필, 소설로 장르를 구분하지만, 대중문화 특히 산업 안에서의 장르는 순수 예술에서의 그것과는 조금 다르게 쓰인다.

영상 산업에서 '장르'라는 말은 주로 할리우드 영화를 분석할 때 많이 사용되며, 장르 분석을 할 때도 할리우드 영화를 예로 들어서 이야기하는 경우가 많다. 영화 안에서 장르가 기능하고, 장르가 산업 시스템 안에서 역할을 하기 시작한 것이 바로 할리우드의 스튜디오 제작 시스템으로부터 비롯되었기 때문이다.

1920년대에서 1930년대 즈음, 영화 산업이 거대해지면서 매주 한 편씩 새로운 영화를 보기 위해 극장에 가서 돈을 내고 종교적 행위처럼 영화를 감상하는 대중의 숫자가 기하급수적으로 늘어나던 시기에 스튜디오에서는 저렴한 제작비로, 효율적으로, 계속해서 새로운 영화를 내놔야 했다. 이미 제작된 세트에서, 이미 한 번 사용했던 의상을 입고, 비슷한 역할을 잘 소화할 수 있는 배우들로 공식 안에서 반복해서 만들 수 있는 작품이 필요해진 것이다. 폭발적인 대중의 수요를 충족시킬 수 있는 공급물을 만든다는 전제하에서 익숙한 작품이 반복 제작되다 보니 관습이 만들어지고, 자연스럽게 장르가 형성되었다.

그러니까 대중문화 산업 안에서의 '장르'는 그것을 수용하는 사람들이 소비를 약속하는 것, 즉 '일정한 대가를 치르고 이야기를 반복해서 소비하겠다'라고 하는 공급자와 수용자 사이의 약속이 형성되는 과정에서 발생했다. 문학에서 '내가 시를 쓴다', '내가 수필을 쓴다'라고 할 때는 소비가 약속되었기 때문에 쓰는 것이 아니다. 시나 수필은 최초의 창작자가 그것을 쓰면서 장르를 결정하지만, 대중문화 산업 안에서의 이야기는 그렇지 않다.

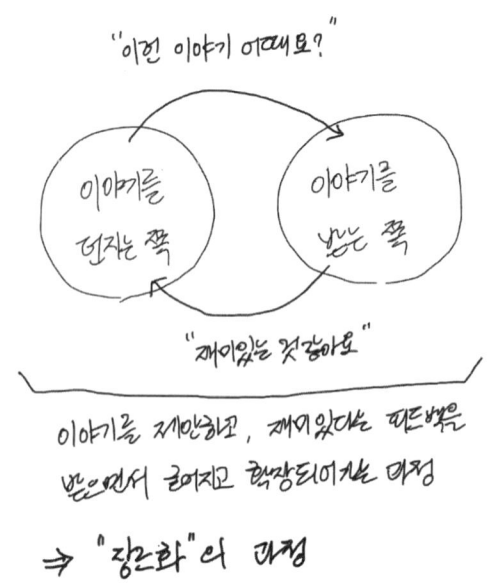

이야기를 던지면 대중이 반응한다. 창작 주체와 대중 사이에 이런 커뮤니케이션이 이뤄지는 것이다.

"이 이야기 재밌는 거 같아요. 우리도 그런 이야기를 계속해서 더 보고 싶어요."

"그래요. 그러면 비슷하지만 살짝 다른 이런 이야기는 어떠세요?"

"그거 굉장히 재밌는 거 같아요. 또 보여 주세요."

조금 더 구체적인 상황으로 설명하면 선명해진다.

> 남자가 바쁘게 출근하고 있다. 여자도 바쁘게 출근하고 있다. 둘이 바쁘게 걷다가 기차역 계단에서 부딪친다. 남자가 들고 있던 커피가 여자의 옷에 쏟아진다. 두 사람 사이에 작은 다툼이 발생한다. '정말 재수 없어'라든가 '정말 꼴 보기 싫어. 매너가 너무 없잖아'라는 인상을 품고 각자 갈 길을 간다. 남자가 오피스로 들어가고, 여자도 자기 오피스로 들어간다. 문을 열고 보니 두 사람은 그날부터 같은 오피스를 써야 하는 사이다. 특별 프로젝트를 위해 각자 다른 지사로부터 낯선 곳으로 발령받아 온 것이다.
> '이런, 이 밥맛없는 인간이랑 일을 같이해야 한다고?'
> '이 매너 없는 인간이랑 프로젝트를 같이해야 한다고?'
> 그렇게 시작된 회사 생활. 우여곡절을 거쳐서 두 사람은 사랑에 빠지고 연인 관계가 되어 해피엔딩.

이런 이야기를 던진다.

"굉장히 신선하고 재미있는 것 같아요. 그런 이야기를 또 들려 주세요."

이야기를 설계하라

그러자 창작하는 쪽이 반응한다.

"그래요. 그러면 두 사람이 걷다가 계단에서 마주쳤잖아요. 이번에는 차를 타고 가다가 도로에서 접촉 사고가 나요. 그런데 이 두 사람이 다시 만나는 곳이 오피스가 아니고 병원이에요. 한 사람은 의사고 한 사람은 간호사인 거예요. 이런 이야기는 어때요?"

"와, 굉장히 신선하고 재미있는 것 같아요. 그런 이야기 또 만들어 주세요."

이러한 피드백 사이클 속에서 '로맨틱코미디'라고 하는 장르의 이야기가 어떻게 시작하고, 어떻게 전개되어, 어떻게 결론을 내고, 그것을 수용하는 대중이 어떻게 반응하는지에 대한 약속이 형성된다. 이 약속이 하나의 '공식'이 되고, 공식이 반복되며 '장르'로 자리를 잡는다.

물론 이 장르는 시간이 지나면서 법칙에 변화를 겪게 된다. 또 장르와 장르가 결합되기도 하지만, 그건 장르의 역사에 해당하기 때문에 이 책에서는 다루지 않는다.

조금 다른 시각으로 '장르'라는 단어를 보자.

〈범죄 도시〉 이후 '마동석 배우가 장르가 되었다'라는 말이 생겼다. 영화 관계자뿐 아니라 일반 관객도 그 명제에 동의한다.

'마동석 배우'가 '장르'가 되는 과정을 살펴보자.

> 일대일로 붙어서 누구와의 싸움에서도 밀리지 않을 것이 분명해 보이는 체구를 가진 형사가 그만이 가질 수 있는 솔루션을 가지고 범죄를 해결하고 정의를 구현한다.

이런 이야기가 던져졌다.

"이야기 통쾌하고 좋아요! 그런 이야기 또 만들어 주세요.",

"그래요. 그러면 지난번에는 차이나타운을 배경으로 가난한 소상공인들을 괴롭히는 중국 베이스 조폭들의 이야기를 다루었는데, 이번에는 동남아시아를 배경으로 한국인 관광객들을 괴롭히고, 목숨을 빼앗고, 인질극을 벌이고, 돈을 갈취하는 갱단의 이야기를 해 보려고 해요. 어떠세요?"

"너무 재미있을 것 같아요. 와, 보여 주세요."

이것이 하나의 장르가 생성되는 과정이다. 이야기가 건너가고, 반응이 돌아오는 과정에서 사이클이 만들어진다. 사이클 안에서 탄생한 이야기 안에는 법칙이 있다.

법칙을 이해하면 '내가 하고자 하는 이야기는 시장 안에서 어떠한 위치를 가지고 있는가?', '이 장르의 법칙은 어느 정도 견고한가?', '그 법칙에 대해 대중은 지루해하지 않고 여전히 반응하고 있는가?'와 같은 질문을 할 수 있게 된다.

2. 장르의 법칙은 변화한다

　장르의 법칙은 미세하게 계속 변화한다. 왜냐하면 이야기를 받는 곳, 즉 관객들이, 대중이 살아가고 있는 세상이 계속 변하기 때문이나. 변화의 속도는 무섭게 빨라지고 있다.

　매일 일어나서 학교나 직장에 가고, 밥을 먹고, 경쟁하고, 갈등을 해결하고 돌아와서 고단한 몸을 쉬는 리얼 라이프가 빠르게 변화하면 주어지는 이야기에 대한 반응도 바뀔 수밖에 없다.

　절친이었던 친구가 세상을 떠났다면 그 친구와 함께 매일 재미있는 영화 이야기를 하던 이전처럼 영화 속 이야기를 받아들일 수는 없다. 부모가 되었다면 이전에 관심조차 없던 애니메이션이나 가족 드라마에 자연스럽게 관심을 갖게 된다.

　개인뿐 아니라 사회가 큰 변화를 겪었다면 콘텐츠에 대한 사회적 반응 자체가 달라진다. 전쟁을 겪었다면, 커다란 전염병을 지나왔다면, 큰 지진을 겪었다면 재난 영화에 대한 반응은 달라진다. 당연한 일이다.

"그 이야기가 싫어요. 불편해요."

이런 반응이 돌아온다면 이야기를 던지는 쪽에서도 변화해야 한다.

연상호 감독의 영화 〈부산행〉 이후 우리나라에서도 자연스럽게 좀비 콘텐츠를 소비하기 시작했다. 좀비에 대한 이해도도 높다. 좀비가 어떤 존재이고 좀비를 만났을 때 어떻게 행동해야 하는지에 대해서 초등학생들도 다 알고 있다. 좀비물은 어떻게 대중과 피드백 사이클을 만들고 법칙을 만들 수 있었을까?

좀비는 부두교에서 만들어진 개념이다. 부두교의 사제가 노동력을 착취하기 위해 주술로 시체를 일으켜 세웠는데, 그렇게 되살린 시체를 가리키는 말이었다. 1800년대 초반에 그 개념이 사전에 등재되었고, 1900년대 접어들어서 문학에서 다뤄지기 시작했으며, 1932년에 영화 〈화이트 좀비〉가 세상에 나왔다.

첫 작품이 만들어진 1932년 이후 수십 년이 지나서 장르가 될 수 있었을까? 좀비물을 만들고자 하는 사람들은 있었다. 그러나 수용에 대한 약속이 없었다. 이야기를 던졌는데 반응하는 사람들이 없으면 장르화되지 않는다.

미국에서조차도 1980년대에 마이클 잭슨의 〈스릴러〉라고 하는 뮤직비디오에 좀비가 나오기는 했지만 그것이 메이저 장르가 되지는 않았다. 조금씩 조금씩 좀비물이 나오고, 대중이 반응하면서 장르가 되었다.

우리나라보다 앞서 좀비물을 장르로 정착시킨 나라들이 있다. 경제 수준이 높은 나라들이다. 인터넷에 '좀비 출몰 지역 지도'라는, 옥스퍼드에서 만든 지도라고 공유되는 이미지가 있다. '좀비가 나온다'

라는 건 좀비 콘텐츠가 얼마나 만들어지는가를 뜻하는데 북아메리카, 서유럽, 일본이 주요 지역이고 우리나라는 21세기에 들어서서 좀비 출몰 지역이 되었다.

좀비물을 장르로 받아들이는 과정에 경제적인 지표가 어느 정도의 연관성을 갖고 있는 것을 알 수 있다. 즉 이야기를 받는 실제 삶이 경제 성장과 더불어 어떤 변곡점을 지나면 대중이 좀비물에 흥미를 느끼게 된다는 것이다. 리빙 데드(LIVING DEAD)라고 불리는 좀비가 상징하는 인간의 본질에 대한 이해와 관련이 있는데, 이것은 철학 영역이라 이 책에서는 다루지 않겠다.

분명한 것은 현실의 삶이 변화할 때, 반응하지 않았던 것에 반응하면서 새로운 장르가 만들어진다는 것이다. 혹은 반응하던 이야기를 거부하면서 장르가 소멸되기도 한다.

3. 장르가 담고 있는 큰 법칙과 작은 규칙

　장르에는 법칙이 있다. 장르가 가진 가장 큰 법칙을 '포뮬러', 그 안에서 만들어진 작은 규칙을 '컨벤션'이라고 할 수 있다.
　'포뮬러'는 화학 공식이나 법이라는 뜻이다. 호러 장르에 대입해 보면 '주인공이 어떤 공간에 들어가, 어떤 무서운 일을 겪고, 공포를 해결하고 나온다'라는 큰 틀이 포뮬러에 해당한다. 하나의 장르가 하나의 '포뮬러'를 갖고 있다고 생각할 수 있다.
　화학 물질을 만들고 싶다면 화학 공식을 알아야 하는 것처럼, 장르 이야기를 잘 쓰고 싶다면 포뮬러를 자유자재로 다룰 수 있어야 한다. 샴푸를 만들고 싶다면 샴푸에 필요한 성분이 무엇인지, 어떤 비율로 섞어야 하는지를 알아야 하고, 치약을 만들고 싶다면 그 성분과 배율이 어떻게 되는지를 알고 섞어 낼 수 있어야 기본 자격이 있는 것처럼 로맨스를 쓰고 싶다면, 호러를 쓰고 싶다면, 스릴러를 쓰고 싶다면 기본이 되는 포뮬러가 무엇인지 알고 있어야 한다.
　그냥 아는 정도가 아니라 그 장르에 적합한 소재나 모티브가 주어

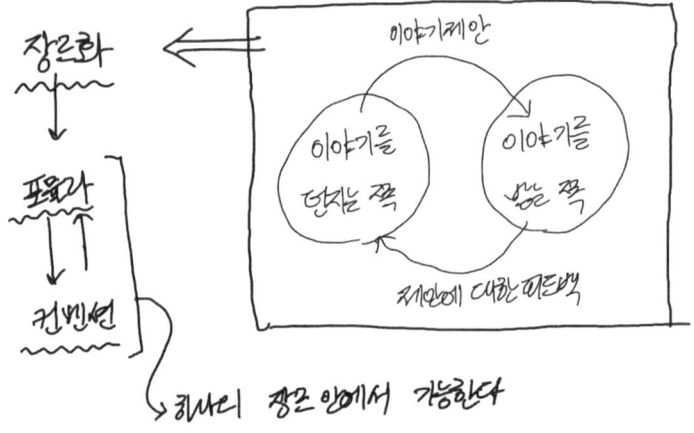

졌을 때 전체적인 이야기의 틀이 단숨에 쭉 나올 수 있는 정도로 그 법칙을 능숙하게 다룰 수 있어야 한다.

시나리오 작가가 되고 싶은 사람들, 혹은 TV 드라마를 쓰고 싶어 하는 사람들의 경우 특정 장르의 포뮬러를 습득한 경우가 대부분이지만, 관심이 없는 장르의 포뮬러에 대해서는 이해가 턱없이 낮거나 아예 관심이 없는 경우가 많다. 그러나 전업 작가로 활동하고 싶다면 여러 유형의 포뮬러를 자기 것으로 만들어 두는 편이 좋다. 장르에 제한이 없는 작가에게 많은 기회가 주어지는 것은 물론이고, 매체가 믹스되거나 장르와 장르가 결합하는 경우도 많기 때문이다. 호러와 코믹이 결합하기도 하고 스릴러와 미스터리 또는 미스터리와 멜로가 결합하기도 한다. 혹은 세 개의 장르가 결합하기도 한다. 그렇게 됐을 때 하나의 포뮬러만 알고 있는 사람보다는 여러 개의 포뮬러를 정확하게 인식하고 있는 사람이 결합을 더 잘 시킬 수 있는 것이 당연하다. 좋아하는 장르와 포뮬러를 편식하지 않아야 전업 작가로서 살아남을 가능성이 높아진다.

얼마 전까지 드라마 작가라면 16부작, 20부작, 24부작 아니면 50부작, 100부작 대하드라마의 폼에 맞춰야 했다. 그러나 최근에는 6부작, 8부작, 12부작, 시즌제 드라마 등 포맷이 다양해졌다. 미니 시리즈 드라마는 한 편이 60분 혹은 편성에 따라서 70분이었으나 요새는 15분, 20분, 30분의 미드폼, 혹은 더 짧은 숏폼 드라마도 대중화되고 있다.

매체와 이야기를 소비하는 패턴이 이토록 빠르게 바뀌는 환경에서, 전천후 이야기꾼으로서 경쟁력을 갖추기 위해서는 다양한 포뮬러를 정확히 이해하고 이를 무기로써 갖추고 있어야 한다. 만약 내가 예닐곱 개의 포뮬러를 갖고 있다면 그 결합을 통해 내가 써낼 수 있는 이야기는 굉장히 다양해진다.

포뮬러 안에는 컨벤션이 존재한다. 약속된 장치들이라고 할 수 있다.

로맨틱코미디를 만든다면 포뮬러는 '(어떤 식으로든) 만나게 된 두 남녀가 우여곡절을 겪고 사랑을 이룬다'일 것이다.

그 포뮬러 안에 갖춰야 하는 컨벤션은 이들을 방해하는 요소, 익숙한 조력자들, 이들이 만나서 엮이게 되는 공간, 이들이 겪게 되는 사건들이라고 할 수 있다.

구체적인 설명을 위해 90년대의 트렌디 드라마로 돌아가 보겠다.

4. 포뮬러와 컨벤션

　미니 시리즈는 1990년대에 TV 드라마의 주요 포맷으로 자리를 잡기 시작했다. 이전에는 드라마를 연속극, 주말극, 사극 정도로 분류했다. 미니 시리즈는 트렌디한 직업의 젊은이들이 주인공으로 등장해 그들의 삶과 사랑에 관해 이야기하는 드라마로서, 폭발적으로 인기를 모으며 마치 할리우드의 장르 영화가 포뮬러를 만들어 가듯 정형화되기 시작했다.
　여자 주인공이 나온다. 대체적으로 가난한 캔디형이다.
　'캔디형'이라는 캐릭터 유형은 일본 만화의 주인공으로부터 시작되었다. 1980년대에 일본과 한국에서 폭발적인 인기를 모았던 만화 《캔디》의 애니메이션 주제가 가사는 다음과 같다
　"외로워도 슬퍼도 나는 안 울어. 참고 또 참지 울긴 왜 울어."
　'열악한 환경에 있지만 나는 희망을 잃지 않고 나의 인성을 잘 지키면서 좋은 사람으로 살아갈 거야', '나는 언젠가 가난과 어려움에서 벗어나 훌륭한 사람이 될 테야'라는 가치를 담고 있다.

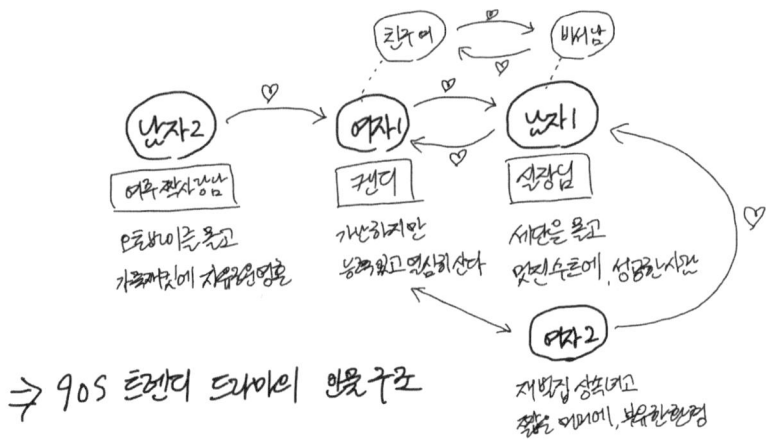

⇒ 90s 트렌디 드라마의 인물구도

그러니까 '캔디형' 캐릭터란 20세기적인 성공에 대한 의지, 혹은 좋은 삶에 대한 의지를 갖고 있는 여성 주인공을 지칭한다. 이 여성 주인공은 가난하고 학력도 부족하지만, 굉장히 성실하게 살아가며 일정 분야에 재능을 갖고 있다. 예를 들면 구두 디자인이나 가방 디자인을 잘한다든가 하는 타고난 재능을 보유하고 있다. 패션 스쿨을 졸업하는 등 훌륭한 교육을 받아서가 아니라 타고난 감각이 좋아서 재능을 보이는 인물형이다.

여기에 '실장' 직함을 가진 남성 캐릭터가 주인공으로 등장한다. 이 실장님은 그녀가 일하고 있는 분야에서 대단한 성공을 이뤄 냈고, 정장이 잘 어울리며, 부잣집 도련님 그러니까 재벌 2세 정도 된다. 겉으로는 굉장히 차갑고 고급 세단을 몰고 다니면서 여자를 멀리할 것 같은 분위기를 풍기는데, 어머니든 죽어 버린 첫사랑이든 마음속에 여성으로 인한 상처를 갖고 있어서 다시는 어떤 여자도 사랑하지 않겠다고 다짐한 상황이다. 그러나 보잘것없다고 생각되는 캔디형 여성을 만나는 순간 마음이 크게 흔들리면서 인생의 가치관이 전복된다.

이 남성의 대척점으로 또 다른 남자 주인공, 서브 남주로 지칭되는 캐릭터가 등장한다. 메인 남주가 슈트가 잘 어울린다면 서브 남주는 가죽 재킷이 잘 어울리는 식으로 대조를 이룬다. 메인 남주가 세단을 타고 다닌다면 서브 남주는 오토바이를 타고 다니고, 메인 남주가 경영 서적을 보며 자기 계발에 열심이라면 서브 남주는 기타를 치고 노래를 부른다. 메인 남주가 자신의 내면에 자리한 상처로 인해 여주인공에게 사랑을 고백하지 못하고 여주인공은 메인 남주의 사랑을 확신하지 못하고 있을 때, 대척점의 서브 남주가 그녀에게 사랑을 고백한다. 그제야 자신의 마음이 메인 남주를 향하고 있음을 자각한 여자 주인공에게 서브 남주가 말한다.

"네가 그 남자를 사랑해서 얻는 것은 마음의 상처밖에 없겠지만, 상처 입은 너를 위해서 나는 언제나 마음속에 자리를 남겨 두고 있을 거야. 언제든 돌아와서 내 어깨에 기대렴."

이렇게 한 여자와 두 남자는 삼각관계를 이루게 된다.

이 세 사람의 감정이 엉켜 있을 때 메인 남주 혹은 서브 남주를 사랑하는 또 다른 여자가 등장한다. 여자 주인공이 긴 생머리를 갖고 있다면 서브 여주는 주로 짧은 머리거나 파마머리를 하고 있다. 여주인공이 길고 단정한 옷을 주로 입는다면, 서브 여주는 강렬한 빨간 미니스커트를 입는 방식으로 이미지 대조를 이룬다. 여주인공이 재능을 보이는 분야(가방, 구두, 의상 디자인이나 요리, 미술, 음악 등)에서 이미 큰 성공을 이룬 집안의 상속녀 정도의 신분이다. 여주인공의 사회적 지위를 언제라도 마음껏 쥐고 흔들 수 있는 위치에 있는 서브 여주는 "도대체 저 여자(여주인공)가 뭔데 이렇게 잘난 두 남자의 마음을 가지고 노는 거야? 너는 내가 없애 주겠어! 내가 분명히 너보다 잘났잖아"와 같은 대사를 내뱉으며 마음껏 폭주한다.

여주인공과 같은 방을 쓰고 있는 여성 조연이 나온다. 이 여성 조연은 주로 여자 주인공이 품위를 유지하면서 그녀의 진짜 속마음이 무엇인가에 대해 시청자가 충분히 전달받을 수 있도록 여자 주인공의 속마음을 대변하는 역할을 한다. 예를 들어 여주인공이 핸드폰을 한 번 보고 한숨을 쉬면서 덮었을 뿐인데 같이 사는 여자 조연이 "전화 안 왔지? 문자도 없지? 분명히 데이트하고 있을 거야. 하, 어떻게 남자가 그럴 수가 있냐. 난 정말 이해를 할 수가 없어! 너에게서 이미 마음이 떠난 게 분명해! 아니면 너에게 거짓말했거나! 그러니까 그냥 마음을 접어!"라고 이야기하면, 여자 주인공이 우아하게 한 마디를 던진다.

"그런 거 아니야"

여주인공은 품위를 지켰고, 그녀의 마음속 갈등은 조연 캐릭터를 통해 시청자에게 모두 전달되었다.

남자 주인공인 실장님 옆에도 남자 조연이 한 사람 등장한다. 주로 미시라든가, 뚱뚱한 친구라든가, 개성이 강한 캐릭터다. 여자 주인공이 어떠한 곤란에 빠졌을 때 남자 주인공이 직접 나서는 대신 이 친구에게 '블랙 카드'를 맡기면서 그녀의 어려움을 해결해 주는 전령의 역할을 한다든지, '여주인공이 이런 애를 만나고 있는데, 얘가 이런 것을 했답니다'라는 정보를 전달하는 역할을 맡는다. 이야기가 9부나 10부 정도에서 약간 느슨해지면 여주인공 옆의 여성 조연과 남주인공 옆의 남성 조연이 데이트를 하기 시작한다. 그동안 두 주인공 사이에서 메신저 역할을 하면서 자주 만나다 보니 호감을 갖게 되었다는 설정이다.

꽤 오랜 시간 동안 미니 시리즈는 이 법칙과 규칙 안에서 많은 이야기를 생산해 냈다. 1990년대의 트렌디 드라마에 대한 보편적 분석을 따라가다 보면 '어디서 봤던 것 같은데'라는 생각이 든다. 오랜 세월 같은 포뮬러의 이야기가 반복되면서 대중의 인식 속에 그것이 자리를 잡았다는 증거다. 여주인공이 긴 생머리 헤어스타일과 청순한 옷차림을 하고 서브 여주가 짧은 헤어컷을 하고 남자 주인공이 슈트를 입는 것, 또는 그들의 사회적 위치나 역학 관계, 그 사이에서 벌어지는 관습적 행위들이 바로 컨벤션이다

모든 장르가 포뮬러와 컨벤션을 갖고 있다. 호러물의 경우, 앞서 언급한 대로 10대 무리가 공포 체험을 하기 위해서 어떤 공간에 들어간다든가, 또는 부모님 모르게 어떤 일을 하기 위해서 별장에 간다든가, 어른들 모르게 모여서 밤새 놀기로 했다든가 하는 이유로 한정된 공간과 시간으로 들어가면서 이야기가 시작한다. 그 공간이 감추고 있는 비밀이 공포의 요소로 나타나고 주인공 그룹이 저질렀던 과거 사건들이 차례로 드러난다.

특정한 영화나 소설을 지목하여 설명한 것이 아니지만 위와 같은 설정만으로도 머릿속에 그동안 보았던 호러물이 떠올랐다면 그것이 포뮬러이고 컨벤션이다. 포뮬러와 컨벤션을 이해하기 위해서 그 장르의 작품을 많이 보는 것보다 좋은 방법은 없다. 보면서 작품을 이해하고 분석하면 반복과 변형을 파악하면서 흡수하게 된다. 컨벤션에 기대어 이야기를 설계하면 처음부터 끝까지 편안하게 구조를 짤 수 있다.

하지만 새로운 것이 하나도 없는 이야기는 감동을 주지 못하고 비

난받는다. 지나친 반복은 염증을 불러일으키기 때문이다. 간혹 '클리셰로 가득한 이야기'라는 평가를 받는 작품이 있다. 반대로 클리셰에 대한 두려움으로 컨벤션에서 지나치게 벗어나면 장르 이야기가 아닌 결과물이 나온다. 그러면 대중은 편하게 이해할 수 있는 틀에서 벗어난 작품을 어떻게 받아들여야 할지 몰라 당황한다.

다음 장에서는 컨벤션을 영리하게 활용하는 방법에 관해 이야기해 보겠다.

5. 컨벤션 비틀기

관습이 반복되면 이야기가 뻔해진다. 여주인공, 남주인공이 등장하는 순간 그 장르에 익숙한 대중은 이렇게 반응한다.

"쟤가 쟤 좋아하고, 쟤도 쟤 좋아하고, 그러다가 결국은 쟤랑 맺어질 거야"

컨벤션이라는 양날의 검을 어떻게 활용해야 할까. '컨벤션 비틀기'를 이용하면 영리한 사용이 가능해진다.

바닥부터 모든 것을 뒤집는 것이 아니다. 너무 앞서간 이야기는 대중에게 외면받기 쉽다. 어떤 영화는 시사회에서 영화 관계자들이 본 후 모두 기립 박수를 치고, 극장에서 나와 영화인들끼리 술을 마셨다고 한다. 너무 뛰어난 작품, 대단한 천재가 나왔다는 흥분과 열패감 때문이었다. 그러나 영화가 대중에게 공개되자 전국 관객 10만 명을 채우지 못하고 극장에서 사라졌다. 너무 시대를 앞서갔기 때문이다. 영화를 많이 연구하고 고심하며 영화를 만드는 사람들에게는 엄청난 충격을 주었지만, 대중적으로는 성공할 수 없는 작품이었던 것이다.

다 바꾸는 것은 위험하다. 부분을 비틀어서, 그 비틀림을 통해서 새로워 '보이도록' 만드는 것이 중요하다.

1990년대 미니 시리즈에서는 여성 주인공의 상당수가 치명적인 병에 걸렸다. 탈모나 홍반이나 부종을 동반하는 그런 병이 아니라 왠지 창백하고 아름다울 것 같은 병이었다. 진짜 환자들에게 죄송할 만큼 백혈병이 종종 소환되었다. 마르고 창백해져서 쉽게 쓰러질 수 있을 것 같은 병을 여주인공에게 설정했던 것이다.

이 컨벤션이 반복되며 대중은 염증을 느끼기 시작했다. 21세기에 들어서면서 대중이 살고 있는 현실의 삶이 변하면서, 다음과 같은 반응들이 나오기 시작했다.

"왜 여성의 행복과 성공이라는 것이 잘난 남자들의 보호 아래에서만 이루어지는 것이냐."

"창백하고 병약한 모습으로부터 나오는 처연한 아름다움은 건강하지 않아."

"여성이 현실에서 건강하고 씩씩하고 멋지게 자신의 일을 개척해 나갈 수 있잖아."

"그 사람이 당당하게 자신을, 자신의 사랑을 쟁취해 나가는 이야기를 보고 싶어."

그리고 그런 주인공이 나타났다.

대부분의 요소가 이전의 미니 시리즈 트렌디 드라마와 비슷했지만 여성 주인공의 캐릭터가 독특하게 바뀌었다. 〈내 이름은 김삼순〉이라는 드라마였다. 파티셰인 여주인공 김삼순은 김선아 배우가 맡았는데, 굉장히 건강하고 씩씩했다. 그러면 '치명적인 병'이라는 컨벤션이 사라졌는가? 옮겨 놓았다. 정려원 배우가 맡았던 서브 여주 유희진에게로 말이다. 미니 시리즈 트렌디 드라마의 요소들(백마 탄 왕자님급의 남주인공, 여주인공을 돕는 남주인공, 여주인공을 응원하는 서브 남주 등)이 다 자리를 잡고 있으나 "병약한 여주인공을 더 이상 보고 싶지 않아! 조금 현실적이고 더 건강한 여성을 보여 줘!"라는 피드백에 반응해서 여성 주인공의 역할만 살짝 바꾼 것이다.

대중의 반응은 뜨거웠다.

"와, 굉장히 새로운 드라마가 나타났다."

"우린 이런 주인공을 원하고 있었어!"

비슷한 시기에 영화계에서는 '조폭 영화'라는 새로운 한국형 장르가 거센 바람을 일으키고 있었다. 지금은 거의 볼 수 없지만 특정 지역 사투리를 쓰면서 흔히 형님들이라고 하는, 깍두기 머리에 이두근과 삼두근이 발달한 남자 배우들이 대거 등장하는 영화들이었다. 무식함과 막무가내로 무장한 캐릭터들이 빚어내는 코미니 영화가 반복 제작되면서 한국형 코미디의 한 장르가 되었다.

대중이 이 장르의 컨벤션에 염증을 느끼기 시작할 무렵, 한 시나리오에 대한 모니터를 요청받았다. 그동안 나왔던 조폭 영화의 포뮬러와 컨벤션을 그대로 갖고 있으나 단 하나가 바뀐 작품이었다. 주인공의 젠더가 바뀌었다. 주인공 조폭이 여성이었다. 여성을 넣고 보니까 굉장히 신선한 영화처럼 보였다. 바로 〈조폭 마누라〉였다. 영화는 큰 인기를 얻어 속편도 제작되었다. 이것이 컨벤션 비틀기이다.

몇 년 전부터 큰 자본이 투자되고 창작자와 소비자가 몰려드는 웹 콘텐츠에서도 비슷한 현상을 찾아볼 수 있다. 웹 콘텐츠에서 당당한 장르가 된 '회귀물'은 말 그대로 인생 2회차가 펼쳐지는 이야기다. 자신의 인생을 반복하기도 하고, 분명히 21세기 대한민국의 어느 곳에서 살고 있었는데 죽을 고비를 넘기거나 또는 정말 죽은 후에 눈을 떠 보니 어느 시대인지도 알 수 없는 이상한 나라의 이상한 신분이 되어서 깨어나기도 한다. 며칠을 살면서 곰곰이 생각해 본 후에 '이것은 내가 죽기 전에 읽던 웹소설의 세계다'라는 점을 깨닫는, 이런 포뮬러의 콘텐츠를 손쉽게 몇백 개는 찾을 수 있다.

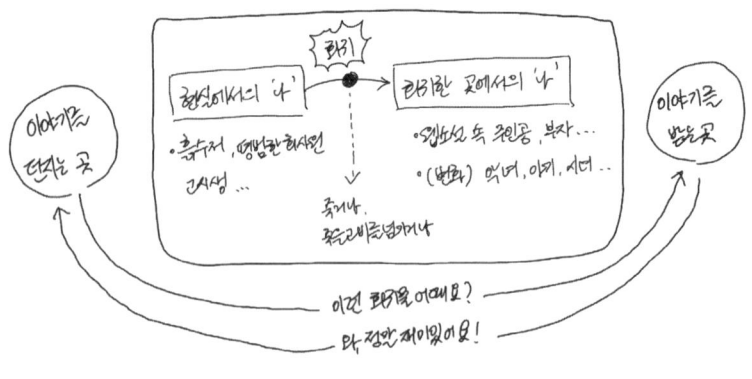

> 나는 21세기 대한민국의 한 흙수저 회사원이었어. 그날도 부장에게 깨지고 이렇게 살아 뭐 하나는 마음으로 횡단보도를 걷던 중 음주 운전을 하는 누군가의 차에 치여서 숨이 끊겼지. 죽으면서 생각했어. 이렇게 허무하게 죽다니 억울해! 그런데 깨어나고 보니 내가 읽던 웹소설의 여자 주인공이 되어 있는 거야. 그래서 내가 그토록 만나 보고 싶던, 소설을 읽으며 내가 마음껏 상상했던 그 공작님을 내 눈으로 보고야 말았네. 이렇게 안구 정화가 되는 외모라니! 이 사람과 함께 이 웹소설 속에서 살아갈 수 있다면 굳이 나로 돌아갈 이유는 없을 것 같아.

이런 포뮬러가 만들어졌다. 컨벤션도 만들어졌다. 웹 콘텐츠의 특성으로 인해 영화나 드라마에 비해 짧은 시간에 많은 작품이 쏟아지며 대중은 빠르게 식상해졌다. 컨벤션을 비틀어야 했다.

> 회사원이었어. ⋯▶ 삼수생은 어때?
> 회귀해서 웹소설 세계 속으로 떨어졌는데 여주인공이야. ⋯▶ 웹소설 악역으로 환생했어.

"와, 이것도 좋다."

그렇게 악녀가 반복된다. ('악녀'를 키워드로 검색하면 '악녀'가 제목에 들어간 콘텐츠를 수백 개는 찾을 수 있다.)

이것도 클리셰가 되었다면 이제 비틀기가 보다 과격해진다.

> 아기로 태어났어. 시녀로 태어났어. 언급되지도 않았던 조연으로 태어났어. 엑스트라로 태어났어…….

또는 주인공에게 보다 혹독한 한계를 지운다.

> 너에 대한 언급은 한 줄밖에 없었어. "비참하게 죽는다." 자, 너는 그 인생을 살래?

그러면 프로타고니스트나 안타고니스트로 태어난 것과는 또 다른 이야기가 펼쳐진다.

그러다가 대중이 또다시 무언가 새로운 것을 요구한다.

> "그러면 둘이 회귀하면? 나 말고 회귀한 사람이 또 있어."

이런 회귀물 이전에 시간 여행도 하나의 컨벤션을 갖고 있었다. 회귀물과 시간 여행의 결합도 이뤄진다. 회귀를 해서 다른 세계에 살았는데, 거기서 뭔가 나쁜 일을 하다가 악녀가 처형을 당했다. 죽었다가 깨어나 보니 다른 세계의 이전 시간으로, 나쁜 일을 하기 전의 상황으로 돌아와 있었다는 플롯이다. 컨벤션을 비틀고, 포퓰러를 결합시키면서 빠르게 변하는 대중의 시선을 잡는 것이다.

컨벤션 비틀기를 위해 가장 먼저 필요한 것은 현재의 좌표를 확인하는 일이다. 컨벤션을 비틀기 위해서는 성실하게 매순간 고민해야 한다. 설정, 관계, 플롯의 컨벤션뿐 아니라 한 장면의 배경도 클리셰로 흐를 수 있는 부분이 있다. 어떤 드라마 연출자는 각본 공모 심사에 들어가 원고에 남녀 주인공이 포장마차에 앉아서 이야기하는 장면이 나오면 읽기가 싫어지면서 머릿속으로 이런 생각이 든다고 한다.

'작가님 세으르네.'

남녀가 데이트하면서 포장마차에 가서 속 깊은 이야기를 하는 경우가 얼마나 되는지를 생각해 보면 그렇게 많지 않다는 것이다. 요즘 포장마차를 찾기도 쉽지 않은데 주인공들이 낙심하거나 속 깊은 이야기를 하는 설정일 때 굉장히 손쉽게 갖다 쓰는 것이 포장마차라는 장소, 또는 한강변이다. 이렇게 클리셰로 쓰이는 배경 설정 앞에서 고민을 한번 해 봐야 한다. 좀 더 나은 장소는 없는지, 주인공의 감정이 더 깊어지거나 속 이야기가 더 잘 나올 수 있는 장소는 없는지를 계속 생각해 봐야 하는 것이다.

대사도 마찬가지다. "네가 나한테 이럴 줄 몰랐어"라든가, 90년대 트렌디 드라마에 자주 쓰였던 "나를 이렇게 대하는 여자는 네가 처음이야" 같은 대사는 요즘 개그의 소재다. 그만큼 많이 반복된 대사라는 것이다.

클리셰가 되어 버린 것들을 내 이야기 안에서 어떻게 새로워 보이도록 할 것인가에 대한 고민이 필요하다. 여기서는 특히 "새로워 보이도록"이 중요하다. 지나치게 새로운 것은 대중으로부터 외면받기 때문이다. 너무 앞서 나가면 안 된다. 모순된 표현이지만 '익숙한 새로움'이 필요하다. 대중문화에서 장르적 이야기를 소비하는 대중의 이상적 반응은 "익숙해! 내가 잘 따라갈 수 있어! 내가 소화하기에 아주 편안한 상태야! 그런데 새롭네? 새로운 느낌을 나에게 주네?" 정도이다. 관객이나 시청자나 독자는 새롭다고 느끼지만 완전히 새로운 것은 아닌 수준이 적당하다.

흰쌀밥을 잘 지을 수 있어야 잡곡밥과 약밥을 잘 지을 수 있다. 흰쌀밥도 잘 못 지으면서 그냥 다른 거 많이 집어넣어서 그럴듯해 보이는 창의적인 밥을 만들어 맛있다는 칭찬을 받기란 불가능하다. 어쩌다 한 번 잘 지을 수 있는 것과 지속적으로 일정한 수준의 밥을 잘 짓는 것은 다른 차원의 이야기다.

이야기를 쓰면서, 캐릭터를 만들고 설정을 주면서, 내가 이 장르의 관습을 답습하고 있지는 않은가 스스로에게 계속해서 물어보고 새로움을 추구해 나가지 않는다면 지금 돌아다니고 있는 많은 이야기 중 하나밖에 안 된다. 전업 작가로서 이야기를 계속해서 생산하는 사람이 되기 위해서는 독창성을 가지고 있어야 한다.

이야기를 만드는 것은 혼자만의 작업이기 때문에 무의식중에 자기복제를 하기도 쉽다. 부단한 자기 점검과 새로워 보이는 것에 집착하는 태도를 유지하는 것이 중요하다.

　유명한 작가이자 감독이고, 매체를 넘나드는 연출을 하는 감독이 "적어도 나는 한 페이지 안에 같은 단어를 쓰지 않으며, 내가 이전에 썼던 문장을 그대로 쓰지 않는다"라는 원칙을 갖고 집필한다는 애기를 들었다. '새로워 보이는' 노력은 이 정도의 각오를 필요로 하는 일이다.

6. 아이콘

아이콘은 영상을 위한 이야기, 혹은 웹툰처럼 이미지로 표현되는 이야기에서 굉장히 유용하게 쓰인다. 가장 보편적이고 간단한 예를 들자면 로맨스 장르에서의 '반지'다. 로맨스물에서 남자가 품속에서 반지 케이스를 꺼내는 순간, 그가 무슨 일을 할지 전 세계의 모든 사람이 거의 다 알고 있다. 그는 프러포즈를 준비하는 것이다. 아이콘을 활용하면 대사를 길게 쓰거나 많은 공간과 시간을 쓰지 않아도 압축적인 설명을 할 수 있다.

그래서 그 장르 안에서 어떤 아이콘이 어떤 의미로 쓰이는지 파악해야 한다. 여기서 "그 장르 안에서"가 중요하다. 똑같은 물건이고 똑같이 중요한 소도구임에도 불구하고, 장르가 바뀌면 그것이 담고 있는 함축적 의미가 바뀔 수 있다. 그렇기 때문에 아이콘은 그 장르 안에서 어떻게 약속되어 있는가를 이해하고 써야 한다.

예를 들어 성인 남자가 신체적으로 약한 여성을 앞에 두고 벨트를 풀 때, 이것이 미스터리물이나 스릴러물이라면 이후의 장면을 보여 주지 않아도 곧 폭력적인 상황이 벌어진다는 것을 알 수 있다. 그런데 로맨스물이라면? 전혀 다른 의미임을 누구나 짐작한다.

음악이 아이콘이 되기도 한다. 사람을 연상하거나 혹은 즐거웠던 한때를 기억할 수 있는 음악이 종종 활용되며, 오르골도 자주 쓰이는 아이콘이다.

반지, 꽃, USB, 일기, 사진, 펜, 팬던트 등 아이콘으로 쓸 수 있는 오브제는 많다. 16부작이나 20부작처럼 많은 등장인물이 조밀하게 엮여서 장편으로 가게 될 때 특히 유용하다. 두 주인공 사이의 어떤 약속을 상징하는 물건과 같은 소도구를 활용하면 "그 사람이 너무 보고 싶어"라든가 "그 사람이 그리워, 지금 어디서 무엇을 하고 있을까?"라는 대사를 하지 않아도 물건을 꺼내 보는 것으로 대치할 수 있다. 혹은 '그 사람을 잊고 나는 그냥 열심히 잘 살아가고 있었는데, 문득 그 사람이 생각이 나'라는 식의 그리움을 얘기하고자 할 때 유사한 물건이 그나 그녀의 시야 안에 걸리면서 그 사람을 연상하고 그리워하는 감정으로 자연스럽게 넘어갈 수 있다. 이 아이콘은 주인공의 감정 스위치가 된다. 스위치가 있으면 불을 밝히기가 쉽지만, 그것이 없으면 매번 주인공의 감정을 빌드업해서 드러내야 한다.

그래서 아이콘은 이야기의 중반보다는, 가능하면 이야기를 시작할 때 설정하는 편이 좋다.

'이 남자 주인공과 여자 주인공 사이에, 또는 이 주인공이 어떤 미션을 수행해 나가는 데 있어서 중요한 근원이 되는 원한 관계가 있다. 그래서 주인공이 불행한 역사를 만든 안타고니스트에 대해 복수의 마음을 다지고자 할 때, 마음이 약해지는 주인공의 마음을 다잡게 만드는 소도구는 무엇이 있을까?'

주의할 점은 클리셰에 빠지고 싶지 않아서 지나치게 도전적인 선택을 해서는 안 된다는 것이다.

"오르골, 너무 많이 나왔어", "팬던트, 너무 많이 나왔어", "음악도 나온 것 같네", "반지? 뭐 말할 것도 없지. 뭐가 좋을까?"

이처럼 생각하며 너무 일반적이지 않은 아이콘을 갖다 쓰는 경우, 보통 우리가 평생 한 번도 만져 보기 어렵거나 만나 보기 어려운 아주 특별한 물건을 가지고 이 두 사람의 관계를 설명하려고 하면 물건의 기능이나 얽힌 에피소드를 다 설명해야 한다. 물건에 대한 설명은 메인플롯과 상관없으므로 메인플롯의 진행을 방해하게 된다.

요즘은 드라마를 정주행하며 순서대로 시청하지만, 드라마는 중간부터 보더라도 내용의 흐름을 따라오는 데 별 어려움이 없어야 한다. 그런데 아이콘이 너무 특이한 물건이라 시청자가 컨센서스를 갖고 있지 않는다면 설명을 반복해야 하므로 메인플롯의 진행을 방해하게 된다. 그렇기 때문에 아이콘은 적절한 합의가 있고 장르 안에서, 컨벤션 안에서 도상화되어 있는 물건이되 지나치게 클리셰로 보이지 않는, 꽤 까다로운 조건을 충족하는 것으로 선택해야 한다.

```
CONTENTS
RULE
FORMULA
CONVENTION
ICON                    2장
THEME
ELEMENT
RELATION                이야기의
DRAMATIZATION
DILEMMA                 재료들을 모아
PLAN                    뼈대 구축하기
WHO
WHY
WANT
NEED
PROTAGONIST
ANTAGONIST
VILLAIN
CONFLICT
BACKGROUND
VALUES
FANTASY
DIALOGUE
NARRATIVE
PLOT
TREND
EMPATHY
STYLE
```

1. 주제

(1) 주제란?

주제는 이야기를 만드는 작업의 시작이고, 또 가장 중요한 요소다. 개인적으로 만약 작가가 이것을 갖고 있지 않다면 굳이 자신이 창작한 이야기를 세상에 내놓을 이유가 있을까 생각한다. 주제는 이야기를 만드는 목적이다.

우리는 국어 시험에서 '이 글의 주제를 찾으시오' 같은 문제를 많이 보아 왔다. 그래서 이야기를 주제를 찾는 것이 그렇게 어려운 일이 아니라고 생각할 수 있다. 혹은 '뭐 사랑, 우정, 그런 게 주제지'라고 생각할 수도 있다. 창작자 역시 "나는 이번에 사랑이라는 주제로 이야기를 한번 해 보려고 해"라고 간단하게 이야기한다. 그러나 '사랑'은 '주제어', 즉 주제 단어이다. 주제 단어는 주제의 기능을 하지 못한다.

주제는 작가가 이야기를 통해서 증명하고 싶은 가치이다. 주제어가 가진 추상적 가치에 방향성이 제시되어야 주제로서 기능하게 된다. 세상 누군가에게, 그것도 어디서 살다 온지 모르는 불특정 다수,

내가 얼굴을 볼 수 없고 직접 만날 수 없는 누군가에게 나의 이야기를 할 때 '내가 왜 이 이야기를 하는가' 하는 이야기의 목적에 해당하는 것이 '주제'이다.

주제는 이야기의 척추라고 할 수 있다. 척추는 몸 안에서 여러 가지 중요한 역할을 하지만, 내 눈에 보이거나 다른 사람의 눈에 보이지 않는다. 그러나 우리는 경추, 척추, 요추가 비틀려 있으면 굉장히 힘든 상황을 겪는다. 이야기도 마찬가지다. 척추인 주제가 정확하게 세워져 있지 않으면 인물 관계, 사건, 플롯을 잡기가 어려워진다.

이야기를 설계하는 첫 단계에서 나는 이 이야기를 왜 하고 싶은 것인가에 관해 분명하게 세워 두어야 한다. 가능하다면 문장으로 만들도록 하자.

주제는 겉으로 드러나는 메시지와는 다르다. 메시지는 한 작품 안에 여러 개가 담길 수도 있고, 주인공의 대사를 통해 직접적으로 전달되기도 한다. 영화 포스터의 홍보 문구로 쓰일 수도 있다. (주제가 메시지와 동일할 수도 있으나, 더 깊이 들어가면 차이를 보이는 경우가 많다.) 증명하고 싶은 가치, '내가 동시대의 많은 사람에게 이야기를 하는 이유는 이 가치가 옳다는 것을 증명하기 위해서야'라고 말할 수 있는, 방향성을 분명하게 가진 주제가 필요하다.

예를 들어 보자. "나는 정의에 관한 이야기를 하고 싶어"라고 감독이 이야기한다. 작가가 "나도 요즘 시대에 정의에 관한 이야기는 우리가 꼭 한번 다뤄 볼 만하다고 생각해. 정의에 관한 영화를 한번 얘기해 볼까"라고 응답했다고 가정하자.

감독은 정의에 대해 이런 생각을 갖고 있다. '정의는 시대에 따라 계속 바뀌어 왔다. 많은 사람이 동의하는 방향으로 정의에 대한 담론이 바뀌어 왔기 때문에, 다수가 옳다는 쪽으로 사회는 발전될 수밖에 없고 정의는 그렇게 움직여 가야 한다. 시대에 따라서, 문화에 따라서 바뀌어 가야 한다.'

작가는 이렇게 생각한다. '그렇게 많은 사람에 의해 움직인다면, 그것은 정의라고 할 수 없다. 다수가 언제나 옳은 선택을 하는 것은 아니다. 히틀러도 투표에 의해서 뽑혔다. 그러므로 정의는 절대적 가치에 근거한다. 즉 시대와 문화와 대중의 흐름과 상관없이 인간에게 내재된 정의가 있다. 쉽게 타협되지 않고 다수의 목소리에 굴복하지 않는 내재된 정의를 따라갈 때, 비로소 사회 정의가 구현된다.'

작가와 감독이 '정의'라는 키워드에 의기투합해 만났어도, 둘이 함께 하나의 영화를 완성하기란 불가능하다.

사랑 가운데 에로스를 특정하여 생각해 보자. 아가페나 필로스와는 다른 사랑이다. 육체적인 관계를 기본으로 하는 에로스에 대해 감독은 이렇게 생각한다. '에로스는 번식기가 아닌 때에도 성적인 관계를 가질 수 있는, 인간만이 추구할 수 있는 사랑이다. 평생에 걸쳐서 에로스의 절대적인 상대를 만나는 것이 운명이며, 인간이 추구해야 할 가장 높은 가치 중의 하나다.' 반면 '에로스라고 하는 것은 호르몬의 미친 작용으로 약 3개월이 지나고 나면 눈에 콩깍지가 떨어지면서 내가 도대체 이 짓을 왜 하고 있나, 이 번거롭고 귀찮은 관계를 왜 지속하고 있는가 하는 생각을 하면서도 쉽사리 관계로부터 벗어나지 못하는, 굉장히 골치 아픈 인간관계를 형성하는 감정 중의 하나야'라고 생각하는 작가가 있다고 한다면, 이 감독과 작가 역시 이야기를 함께 만들어 나가지 못한다.

주제는 콘텐츠를 위한 창작 스토리에서뿐 아니라 흔히 말하는 '스토리텔링'에서도 매우 중요한 요소이다. 브랜딩이나 마케팅을 하는 회사에서 '스토리텔링'을 하고자 할 때, '혁신과 도전'이라는 키워드를 잡는 경우가 많다. 혁신과 도전이 주제가 될 수 있을까?

자동차 회사의 예를 들어보자. 세 개의 자동차 회사가 있다. 첫 번째 자동차 회사의 대표가 이렇게 이야기한다.

"나는 자동차가 사람이 만들어 낸 기계 가운데 가장 재미있다. 나는 우리가 일을 재미있고 신나게 하기 위해서 그 누구도 해 보지 않은 기술적 실험을 가장 먼저 해야 한다고 생각한다! 그렇기 때문에 우리는 혁신하고, 우리의 혁신품을 지속적으로 개선해서 남들이 아무도 개발해 내지 못한 기계적 장치를 통해 편의성을 창출해야 한다. 나는 그렇게 우리가 계속해서 재미있게 일하기를 원한다!"

두 번째 회사의 사장은 이렇게 말한다.

"사람이 자신의 물리적인 능력보다 빠르게 이동하기 위해 만들어 낸 자동차라고 하는 기계는 연료를 필요로 하고, 연료는 어떤 형태로든 지구의 자원을 쓰고 대기를 오염시킨다. 우리가 끊임없이 혁신하고 도진해서 내기 오염을 줄이고 지구의 자원을 덜 쓰는 방식으로 지구를 지켜 나가지 않으면 후대 아이들에게 굉장히 오염된, 너무 나빠진 환경을 물려줄 수밖에 없다. 그러니까 엄마이고 아버지인 우리가 제대로 부모 노릇을 하기 위해서는 자동차 개발에 있어서 끊임없이 혁신하고 도전해야 된다."

세 번째 회사의 사장은 이렇게 말한다.

"우리는 내수 시장이 너무 작아서 자동차를 팔기 위해 도로를 먼저 깔아야 했던 나라에 살고 있다. 내수 시장만 가지고는 도저히 살아남을 수가 없다. 그러므로 해외에 이 자동차들을 팔아야 하는데, 해외 시장에서는 이미 쟁쟁한 회사들이 굉장히 많은 자동차를 팔고 있다. 그러면 우리가 해외 시장에 나가서 살아남기 위해서는 어떻게 해야 할까? 끊임없이 혁신하고 끊임없이 도전하지 않으면 기술적으로 도태될 것이고, 그러면 우리 회사는 문을 닫을 수밖에 없다. 우리에게 혁신과 도전은 선택이 아니라 생존의 문제다. 우리는 무조건 혁신하고 도전해야 한다."

이 세 명의 자동차 회사 대표는 모두 혁신과 도전이라는 키워드를 갖고 이야기한다. 하지만 그들이 자동차를 만드는 행위를 통해 증명하고자 하는 가치는 각기 다른 곳에 있다. 무엇이 맞고 틀리다가 아니다. 가치의 방향이 없다면 그것이 문제이고, 잘못된 일이라는 것이다.

내가 나가야 할 방향이나 이 일을 하는 이유가 없는 상태로 그냥 혁신하고 도전에 대한 이야기를 하거나, 그냥 정의에 대한 이야기를 하거나, 그냥 에로스에 대한 이야기를 하면 어떻게 될까? 이야기를 시작할 수는 있다. 아마추어 작가들은 뭔가 번뜩이는 장면으로부터 시작한다든가 어디서 본 임팩트 있는 사건이나 자료에서 단서를 잡아 이야기의 실마리를 풀어 가는 경우가 있다. 그러다 보면 시작하고 10~20페이지 정도까지는 빠르게 써 나간다. 그러나 이후에 이야기를 어떻게 전개해 나가야 하는지, 어떻게 끝을 맺어야 하는지를 선택하지 못하는 경우가 많다.

주제가 잘 잡혀 있으면 이야기가 중반을 넘어가면서 작가가 억지로 이야기를 만들지 않아도 이야기가 스스로 굴러간다. 척추가 바르게 서 있을 때 걸음이 어렵지 않은 것처럼 이야기가 나갈 방향을 정확하게 제시해 주는 것이다. 또 주제가 곧게 세워져 있을 때 이야기는 여러 부분이, 기능과 요소가 유기적으로 잘 맞물려 돌아간다.

무의미해 보였던 조연이 뒤에 가서 굉장히 중요한 역할을 하는 것이 어색하지 않기도 하고, 의도하지 않았던 초반의 어떤 장면이나 물건, 관계, 대사가 강력한 복선이 되어서 기능하기도 한다.

"이야기를 끝까지 끌고 갔는데 끝에서 주인공을 죽여야 할지 살려야 할지 모르겠어요."

이렇게 말하는 학생들을 만날 때가 있다. 그건 작가가 무슨 얘기를 하고 싶었는지 명확하지 않았다는 자기 고백이다. 사람이 죽는 것과 사는 것, 그 결론에 따라 관객이 안고 나가는 이야기가 전혀 다를 수밖에 없다. 둘 중 하나를 고를 수 있는 문제가 아닌 것이다. 주인공이 어떤 결말을 맞을지 정확한 가이드를 주는 것이 바로 주제다.

"글을 쓰고 싶다"라고 말하는 많은 이들은 결국 '이야기를 창작하고 싶다'라는 욕망을 가진 것이다. 그런데 주제가 없는 상태에서 그냥 '글을 써 보고 싶다'라는 것은 굉장히 자기만족적 행위를 하고 싶다는 말이다. 그것이 나쁜가? 그렇지 않다. 좋은 일이다. 일기를 써도 되고, 사랑하는 친구에게 편지를 써도 되고, SNS나 혼자만의 담벼락에 글을 써도 된다. 하지만 동시대의 불특정 다수를 향해서, 굉장히 많은 자본이 투여되어야 하는 매체를 이용해서, 매체를 소비하는 소비자들에게 특정한 대가를 지불하고 나의 이야기를 소비하라고 요구하기 위한 '글쓰기/이야기 짓기'를 하고 싶다면 그것은 전혀 다른 영역이다. 산업적 책임을 져야 한다. 산업적 책임이 요구되는 이야기를 만들어 가는 작업에서 자기만족적인 이야기를 쓴다는 것은 무책임한 행위다. 영상을 만드는 현장을 가 보면 얼마나 많은 사람이 카메라 뒤에서 한 장면을 만들어 내기 위해 많은 노력을 하는지 볼 수 있다.

〈실미도〉라는 영화의 시나리오 초반에 대원들을 실미도로 데리고 들어가는 배에서 갑자기 중간 관리자가 다 내리라고 한 뒤 수류탄을 터뜨려서 배 폭파시킨 후 헤엄쳐서 들어가게 만드는 장면이 있다. 다섯 줄 정도의 지문과 대사 한두 줄 정도 들어가 있는 신(Scene)이었다. 감독님은 그 신을 보고 이렇게 반응하셨다.

"김 작가는 이렇게 썼구나? 나는 한 1억 써야겠네?"

20여 년 전 1억이었으니 지금 3~4억은 족히 되는 예산이었을 것이다. 산업적으로 책임이 있는 이야기를 만든다고 모든 작가의 한 문장 한 문장이 그렇게까지 많은 돈을 요구하지는 않겠지만, 콘텐츠가 되어 세상에 나온 이야기는 어떤 식으로든 대가를 요구한다. 200원을 내고 한 회의 웹툰을 보는 독자, 13,000원을 내고 극장에 와서 보는 관객, 월정액을 내고 보는 OTT 채널의 드라마를 생각해 보라. 무료로 보는 공중파 TV 드라마라고 해도 시청료와 전기 요금을 지불한다. 무엇보다 대중에게 시간을 요구한다.

그런 대가를 요구하며 보다 많은 사람에게 나의 이야기를 봐 달라고 하면서 '주제가 없다'면, 작가가 동시대의 많은 사람에게 증명하고 싶은 가치가 없다고 한다면 이야기를 왜 보라고 할 수 있을까?

"그냥 재밌잖아."

물론 그렇다. 많은 대중문화 콘텐츠는 재미있으면 그만이다. 그러면 '재미'가 무엇인지에 대해 생각해 봐야 한다. 이 이야기가 누구에게 어떤 재미를 줄 것인가? 무조건 웃긴 것이 재미가 아니다. 어떤 카타르시스를 줄 것인가? "카타르시스를 줄 터이니 대가를 지불하세요", "당신의 시간을 주세요", "당신의 돈을 주세요"라고 말하는 것이 산업적 틀 안에서의 이야기 창작 행위다.

주제는 이야기의 모든 요소 가운데 이렇게 강력한 지배적 권리를 갖고 있다. 작가의 주제는 상당히 긴 시간 동안 작가의 작품 세계를 지배하기도 한다. 여러 작품을 통해서 각 작품의 다양한 주제가 드러나기도 하지만, 이야기란 결국 작가의 세계관을 드러내는 일이기 때문에 이야기를 통해 자연스럽게 작가의 가치관이 드러날 수밖에 없다.

그러므로 잠시 책을 덮고 '나는 도대체 세상을 향해 어떤 이야기를 하고 싶어서 창작의 길로 들어가려고 하는가?', '나는 어떤 가치를 증명하고 싶은 작가가 되고 싶은가'에 대해 정리하고 뒤를 이어 가는 것도 좋은 선택이 될 것이다.

(2) 주제의 기능
-《실미도》를 중심으로

주제를 잡기 위해서는 끝없는 자기 질문이 필요하다.

'나 이 이야기 왜 하지? 이야기의 어떤 지점이 재미있기 때문에 이 소재를 선택했을까?'

이런 생각을 반복해야 한다.

이 장에서는 이야기를 만들 때 주제를 붙들고 난관을 헤쳐 나갔던 경험을 통해 주제의 기능을 설명하고자 한다.

〈실미도〉라는, 2003년도에 개봉했던 작품이 있다. 우리나라에서 처음으로 1000만 관객 동원이라고 하는 기록을 세워서 오랫동안 회자된 작품으로, 실제 사건을 모티브로 하고 있다. 사건 당시 우리나라의 박정희 대통령을 암살하고자 북한에서 간첩단이 남파됐다. 그들의 작전은 실패했으나 박 대통령이 그 도발에 자극을 받아 특수 부대 창설을 지시한다. 명령에 따라 1968년 4월, 다양한 사람들을 모아서 실미도라는 섬에서 특수 훈련을 시킨다. 북한이 이쪽의 박정희 대통령 목을 따라고 했으니 저쪽의 김일성 목을 따 오는 임무를 맡을 특수 부대를 만든 것이다. 1968년 4월에 만들어졌기 때문에 684부대라는 별칭을 가졌던 부대였다. 그런데 불과 몇 년 뒤, 1970년대로 넘어오면서 남북 관계가 화해 무드로 바뀌고, 이에 따라 이 특수 부대의 의미가 없어지게 된다. 당시 안기부(현 국정원)와 국가 정보기관의 수장도 684부대를 창설한 김형욱 씨에서 이후락 씨로 바뀌면서 이 부대는 잊히고 만다. 그래서 섬에서 억압된 상태로 훈련을 받던 이들이 폭동을 일으켜 자신들을 감시하고 훈련시켰던 군인들을 다 죽이고 섬을 탈출한다. 그리고 버스를 탈취해 청와대로 가서 대통령을 만나야겠다고 올라오다가 서울의 대방동 유한양행 본사 앞에서 군인들과 대치하던 중에 자폭한다. 생존자들은 제대로 된 군사 재판을 받지 못하고 거의 즉결 처분에 가까운 사형을 당한다. 굉장히 오랜 시간 동안 대한민국 근현대사에 미스터리로 남은 사건이었다. 이 사건을 모티브로 해서 굉장히 많은 콘텐츠 제작 시도가 있었다고 전해진다. 알려진 것만 여섯 번 정도 영화 제작 기획이 무산되었고, 그중 한 작품은 촬영을 시작했으나 끝내 영화를 완성하지 못하고 무너졌다는 이야기도 있었다.

 이야기 창작자로서 굉장히 흥미로운 소재라고 생각했기에 언젠가는 '내가 이 이야기를 한번 써 봐야지'라고 생각하고 있었다. 그러던 중, 당대 최고의 흥행 감독인 강우석 감독께서 이 소재로 영화를 연출한다는 기사를 보고 '와 결국은 이게 영화가 들어가네. 그럼 이 소재는 날아갔구나. 나는 쓰지 못하겠구나'라고 생각하고 있었는데, 어느 날 조연출로 있는 후배에게서 연락을 받았다.

 "선배님, 회사에 오셔서 감독님과 미팅을 한번 하셨으면 좋겠습니다."

"거기 이미 작가가 여러 명 있다고 들었는데?"

"네. 근데 뭐 좀 진행이 잘 안 돼서 감독님이 한 번만 더 시나리오 작업을 해 보고 안 되면 기획을 엎겠다고 하셨어요."

왜 그럴까 싶은 마음으로 자료를 받아 보고 난 후 이 사건이 왜 영화화되는 데 그렇게 어려웠는지, 어떤 난관이 있었는지 알 수 있었다.

팩트를 쫓아가면 다음과 같다.

684부대가 만들어지고 이들이 훈련을 받게 된다. 그리고 이들은 잊혔다. 그리고 이 사람들이 폭동을 일으켰다. 그다음 어딘가로 가서 자폭한다. 이 사이의 이야기들은 잘 알려져 있지 않다. 자료가 거의 없다. 폭동을 일으켜서 이들이 서울로 올라오는 과정은 단 하루 동안의 이야기다. 이때 사건을 다뤘던 경향신문 자료, 폭동에서 살아남은 기간병 여섯 명의 인터뷰, 〈그것이 알고 싶다〉라는 TV 탐사 보도 프로그램 특집 한 편, 《신동아》라는 잡지에서 조금 깊게 다룬 내용이 전부였다. 그나마 살아남은 기간병 가운데 적극적으로 인터뷰를 한 사람은 사실 사건이 임박한 시기에 투입됐기 때문에 부대 안에서 무슨 일이 있었는지 잘 알지 못했다. 특히 버스 안에서 무슨 이야기가 있었는지에 대해서는 기록이 거의 없다. 살아남은 네 명도 바로 사형되었기 때문에 남아 있는 이야기가 없었다.

이 부대에 모인 사람 중에는 범죄자도 있었고, 지원해서 입대한 사람도 있었다. 어찌 되었든 이들은 북한에 침투해서 김일성의 목을 따도록 훈련을 받은 사람들이었다. 이들은 엄청난 특수 훈련을 받았다. 훈련 도중에 사망한 사람도 꽤 있었다. 당시를 기억하고 있는 인근 섬 주민의 증언에 따르면, 이들이 하도 물고기를 잡아먹고 새를 쏴서 잡아먹는 바람에 주변의 새와 물고기 씨가 말랐다고 했다. 또 멀리서 실미도를 바라보면 훈련을 받는 남자들이 나무에서 나무 사이를 뛰어넘는 것 같은, 그러니까 신체적 능력이 놀라울 정도로 뛰어난 특수 병사들이었다는 증언이 있다. 이들을 어떻게 침투시킬지 모르니 잠수, 사격, 침투, 격투 등 모든 부분에서 뛰어난 전사가 되도록 강도 높은 훈련이 반복되었다. 그러던 중 남북 관계가 변하고, 이 부대를 창설한 주동자가 어딘가로 사라져 버렸으며, 이 부대가 잊혔다. 보급이 다 끊겼다는 뜻이다. 폐렴에 걸리건 어디가 부러지건 그냥 빨간약을 바르고 끝이었다는 증언도 있다. 초반에는 보급이 굉장히 좋았다고 한다. 음식도 풍부해서, 그때 우리나라는 상당히 어려운 시기였음에도 이 부대에서는 고기도 많이 먹었다고 했다. 그런데 어느 순간 너무 열악해지면서 '우리, 버림받았구나'라고 판단해 폭동을 일으켰다는 것이다.

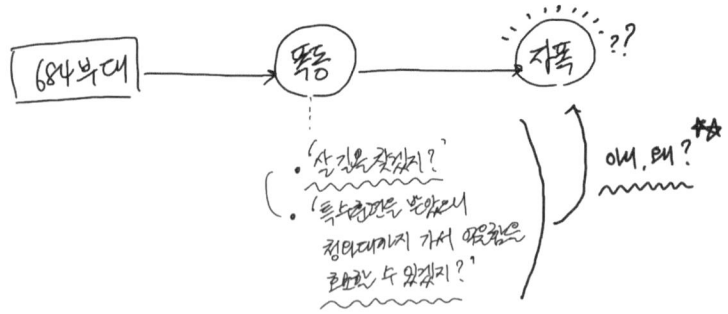

첫 번째 난관은 여기서 등장한다. 못 살겠다고 폭동을 일으킨 것이라면 살 길을 찾으면 된다. 아니, 찾아야 한다. 이 사람들은 신체적 능력이 뛰어난 전사들이었다. 그러면 어디로든지 도망치면 된다. 지금처럼 통신이 발달해 있던 시절도 아니어서 누군가를 추적해 잡아내는 게 쉬운 일도 아니었다. 헤엄쳐서 일본으로 밀입국할 수도 있고, 북한에 침투하도록 훈련받은 사람들이니 중국으로 숨어들 수도 있고, 아니면 그냥 강원도 산골에 처박혀도 생존 가능성은 매우 높아진다. 추적을 피해서 몸을 숨길 수 있는 능력이 얼마든지 있는 사람들이니까. 그런데 왜 이 사람들은 폭동을 일으키고, 버스를 두 번씩이나 갈아타고 서울로 갔을까?

"대통령을 만나고 싶어서 청와대로 간다고 했다"는 버스 승객들의 증언이 있었다. 그런데 이들은 대방동에서 길이 막히자 인질들을 풀어주고 자폭한다. 정말로 청와대를 가고 싶었다면, 흩어져서 가면 된다. 북한으로 들어가서 김일성 주석궁에 침투할 훈련을 받았던 사람들이 정말로 대통령을 만나고 싶다면, 버스가 막히기 선에 또는 막혔다고 할지라도 교전하면서 흩어져서 청와대로 들어갈 수 있었을 것이다. 그런데 그들은 싸우지 않았다. 어떠한 교전도 없었다. 어떠한 저항도 하지 않았다. 갑자기 승객들을 다 내보내고 그냥 자폭을 해 버렸다. 못 살겠다고, 살아 보자고 폭동을 일으켜서 거기까지 갔는데 왜 자폭을 했을까? 이 의문이 두 번째 난관이었다.

못 살겠다고 뛰쳐나와 단체 행동을 해서 움직였다는 첫 번째 물음표, 자폭했다는 두 번째 물음표. 이 이야기를 도대체 어떻게 엮어야 할지 난감하다는 걸 자료를 보고 난 후에야 알 수 있었다. 앞서 준비했던 시나리오들을 보지는 못했지만 폭동을 일으키는 데서 끝내는 기획부터, 이 모순을 극복하기 위한 많은 아이디어들이 있었다고 했다.

이 난제를 앞에 두고 작가로서 주제를 찾을 수 있느냐는 질문을 스스로에게 던졌다.

'작가로서 하고 싶은 이야기가 이 속에 있는가?'

자료를 다시 찬찬히 보았다. 경향신문의 표현에 눈길이 머물렀다. 폭동을 일으키고, 버스를 탈취해서 자폭에 이르기까지 이들에 관해 보도했던 경향신문의 모든 표현은 '무장 공비'였다. 그리고 당시 이들은 버스 안의 승객들이 북한군이라고 믿을 만큼 북한 말씨를 쓰고 김일성 찬가를 불렀다고 했다. 이들이 잡혀 어떤 고문을 받아도 남한 사람인 것을 들키지 않도록 3년 가까이 뼛속 깊이 정신 개조 훈련을 받다 보니, 말투는 물론이고 머릿속에 기억나는 게 김일성 찬가밖에 없는 상황이었던 것이다. 버스 승객들의 증언을 통해 이들을 무장 공비라고 보도한 건 이상한 일이 아니었다.

그다음에 발견한 또 하나의 자료는, 이 사람들의 주민등록이 말소되어 있었다는 사실이다. 지금처럼 전산으로 국민 정보가 관리되는 시절은 아니었지만 흔적을 지우기 위해 이들이 대한민국 국민이라고 할 수 있는 모든 증거가 말소되어 있었다는 기록을 보았다.

이렇게 두 가지가 엮였다. '주민등록이 말소된 사람들'이 자신들이 타고 가는 버스 안의 '승객들에게 무장 공비로 인식됐다'. 이때 떠오른 주제어가 '사회적 정체성'이었다

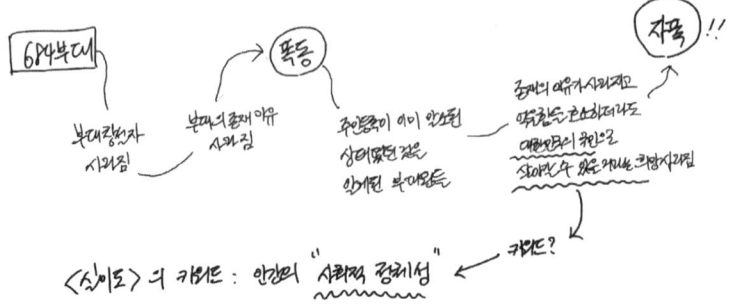

이 '사회적 정체성'이라고 하는 키워드는 오랫동안 작가로서 다루고 싶은, 그리고 다뤄야 했던 주제 중의 하나였다.

영화 시나리오를 쓰기 전, 1990년대에 출판 만화 스토리를 오랜 기간 썼다. 출판 만화에는 '하드보일드'라는 장르가 있다. 거친 남자들의 세계를 다루는 장르로 총과 칼을 쓰고, 오야붕이 있고, 조폭들의 세계가 있는 뒷골목의 이야기, 혹은 영웅담을 많이 다루는 그런 이야기를 즐겨 썼다. 당시 몸담고 있던 창작 집단에서 어떤 작품의 심의를 넣었다. 탈영병인 주인공이 지하철을 타고 이동한다. 소시오패스적 성향을 가진 주인공(21세기에는 자주 쓰이지만 당시에는 드문 캐릭터)이 군대 오기 전에 버스비를 빌려 달라고 했는데, 버스비가 없다며 거짓말했던 친구를 찾아가서 "너 왜 그때 나에게 거짓말했어"라며 보복하는 그런 이야기였다. 열 권짜리 만화였는데 심의가 반려되었다. 당시에는 말도 안 되는 이유로 심의가 반려되곤 했다. 이 작품의 반려 사유는 '대한민국에는 탈영병이 없다'였다. 탈영병이 주인공인데 탈영병이 없다니. 이야기는 이미 다 만들어졌고 작화도 끝났는데 어떻게 해야 할까 고민하다가 배경을 일본으로 바꿔서 진행하기로 했다. 일본의 자위대는 징집도 아닌데, 진짜 군대도 아닌데 이게 말이 되나 하면서도 일본으로 다 바꿔서 지하철도 바꾸고, 운전대 위치도 바꾸면서 열 권 전체를 수정해 출판했다.

심의 통과가 어려워지니 만화계에서는 자연스럽게 일본을 배경으로 하는 작품 기획이 많아졌다. 일본을 배경으로 남자들의 거친 세계를 다루고자 하면 야쿠자가 등장할 수밖에 없다. 야쿠자 세계에 대해 공부하기 시작하면서 '○○구미(組)'라 일컬어지는 일본의 전국구 야쿠자 조직의 높은 자리에 한국인 출신들이 많다는 사실을 알게 되었다. 이 계보의 시작은 일제 강점기에 일본으로 끌려가 터전을 잡고 살아가면서 자식을 낳은 조선인들이었다. 이들은 1945년에 갑자기 나라의 주권을 되찾았다는 소식을 들었다. 일본에서 낳은 아이는 천황 폐하 만세를 부르면서 자랐다. 아이들은 자신과 자신의 부모에게 본래의 조국이 있다는 사실을 전혀 모르고 자랐다. 부모들은 고향이 그리웠기 때문에 조국으로 아이를 데리고 돌아왔지만 아이는 조선말을 전혀 모른 채 학교에 입학해 선생님과 친구들에게 "너가 조선인이야, 일본인이야?"라는 소리를 듣고, 체벌과 따돌림을 당하면서 학교에 적응하지 못하게 된다. 이들은 조선이 내 고향이 아니라고 하면서 자기가 자란 일본으로 돌아가지만 일본에서도 자신의 정체성을 확인받지 못한다. 조센징이기 때문이었다. 정규 교육 제도 안에 정착하지 못한 이들은 암흑가로 흘러 들어갔고, 그곳에서 자리를 잡아 높은 자리에 올라간 경우가 대단히 많았다고 기록되어 있었다. 그들이 현재 야쿠자 조직의 역사 속에서 2인자 자리에 앉은 경우가 많았다고 한다. 1인자가 되지 못한 이유는 조직에 큰 사건이 일어나면 1인자가 형사 처벌을 받는데, 재외국민의 경우 7년 이상의 형을 받으면 강제 추방되기 때문이라고 한다. 이들은 끝내 일본 사회 안에서 이방인이었고, 실력으로 1인자가 되었어도 2인자에 머물러야 했던 사람들이었다.

오랜 기간 심의를 피할 수 있는 이야기의 주인공으로 설정한 이들은 이렇게 사회적 정체성을 잃어버린 존재들이었다. 그들이 가졌던 딜레마, 조국에 대한 애증 등 그들을 통해 계속 그려 왔던 이야기의 키워드가 〈실미도〉에서 갑자기 툭 튀어나왔다. 실미도 대원을 모집할 때 국가 기관은 그들에게 약속했다.

"너희를 군인으로 대접해 주고 부와 명예를 보장한다."

그러나 결과적으로 그들은 '무장 공비'가 되어 죽었다.

사람에게 사회적 정체성이 얼마나 중요한 것인지에 대해 많은 이야기를 통해 이미 확인했기에 그 키워드를 통해 주제를 설정하는 것은 어렵지 않았다. 얼마간의 고민 끝에 키워드에 방향성을 주어 정리한 주제는 다음과 같았다.

"인간은 사회적 정체성을 증명하기 위해서 생물학적 목숨을 바칠 수 있는 존재이다."

이렇게 정리된 주제에 맞춰 파악된 사실들을 재배치할 수 있었다. 주민등록이 말소된 것은 이들이 몰랐던 일이 아니었다. 실미도 부대에서만 일어났던 일도 아니었다. 북파 공작을 담당한 많은 특수 부대원들, 아니, 어느 나라든 스파이 활동이나 적진 침투 역할을 하는 사람들의 국적은 말소된다. 그러나 이것을 그들이 몰랐던 것으로 각색하고, 이것이 결정적 트리거가 되도록 위치시켰다. 이 사람들은 뼛속 깊이 북한 사람으로 인식되도록, 잠결에라도 남조선의 말을 쓰지 않도록 지독한 훈련을 받았고, 그것을 견뎠다. 그런데 처우가 너무 달라졌다. 그래서 "나 여기서 못 살겠어. 탈출해야겠어. 다 죽이고 이제 우리 탈출하자"라는 말이 나오도록 한 것이다. 처음부터 단체 행동을 할 생각이었던 것이 아니라, 정말 살기 위해 탈출을 감행했던 것이다. 그런데 이때 '주민등록 말소'를 알게 되었다면? 원래 대한민국 정부에서 약속했던 부와 명예는 애초부터 주어질 수 없는 것이었다면? 그 약속이 거짓이었다는 것을 알게 되었다면? 이들이 생존을 위한 탈출이 아니라 확인하고 싶은 부분이 생긴 것은 아니었을까?

그래서 사회적 정체성이 너무 중요했던 주인공 강인찬이 자신은 따

지러 가야겠다는 이야기를 하게 되고, 이에 대한 동조 의견이 나온다.

"나는 죽더라도 국립묘지에 묻힐 줄 알았는데 왜 우리한테 거짓말을 했지? 나는 그거에 대해서 좀 물어봐야겠어."

"나도 갈래!"

이렇게 되자 이들의 단체 행동에 개연성이 생겼다.

이제 서울로 가는 길에서 해결해야 하는 두 번째 난관이 남았다.

"이 사람들은 왜 싸우지도 않고, 변명도 하지 않고 자폭했는가?"

이들은 조국이 부여한 "조국을 위해서 김일성의 목을 따서 돌아와라"라는 미션을 수행하면 자신들의 사회적 정체성이 명예롭게 회복되리라 기대하며 혹독한 훈련을 견뎠다고 상상할 수 있었다. 상상이 이어졌다. 혹시 그 과정에서 죽더라도 국립묘지에 묻히는 영광을 얻을 수 있을 것으로 기대했다. 그들이 기대한 결말은 '자랑스러운 대한민국 국민'이었다. 그런데 옆에서 동료가 총에 맞아 쓰러져 죽어 가는 순간, 자랑스러운 대한민국 국민으로서 애국가를 불러 주고 싶은데 머릿속에 떠오르는 것은 '김일성 찬가'였다. 자기를 지켜보는 대한민국의 국민들, 즉 버스 승객들 눈에 자신들이 무장 공비일 수밖에 없는 상황이었다. 모진 훈련과 고문 속에 생각과 마음과 몸 어디에도 대한민국의 흔적이 남아 있지 않은 스스로를 확인했다.

'이 사람들의 절망은 여기서 왔겠구나.'

이들의 자폭은 자신들이 그토록 열망하던 사회적 정체성이 끝내 증명되지 않을 것이라는 절망 앞에서 내린 결정이었다는 정리가 가능해졌다.

주제가 결정되고, 모순으로 인한 난관이 해결되자 여러 가지 문제가 유기적으로 해결되기 시작했다. 특히 주제가 증명되어야 하는 클라이맥스 지점을 잡기가 수월해졌다. 인간은 사회적 정체성을 증명하기 위해 생물학적 목숨을 바치는 존재라는, 인간에 관한 창작자의 가치관이 드러나는 장면이었다.

유한양행 앞 로터리에서 군대에 포위당한 실미도 684부대원들, 주인공이 한 사람 한 사람의 이름을 부른다.

"최장수!"

그러면 호명된 이가 대답한다.

"오래 살라고 큰아버지가 지어 주신 이름 최장수!"

그러면서 자신의 피를 찍어서 버스 벽에 주민등록번호와 이름을 쓴다. 이 장면에서 피는 생물학적 목숨의 상징이다. 그것을 찍어서 그 사람이 증명하고 싶었던 것은 사회적 정체성, 이름과 주민등록번호로 표현된 그것이다. 명예롭게 이것을 증명하고 싶었는데 국가는 이에 대한 여지를 주지 않았고, 그래서 자폭이라는 선택을 한 것이다. 주제가 세워지지 않았다면 이야기의 방향을 잡거나 난관을 넘기 어려웠을 것이라고 생각한다.

하지만 관객들은 이 〈실미도〉라는 영화가 사회적 정체성에 관한 이야기를 하는 것이라고 생각하지 않았다. 이 영화의 에필로그에서는 사건에 관한 보고서를 작성하는 타이피스트의 손이 나온다. 사건의 개요가 매우 건조하게 기록된다. 보고서가 서류철에 끼워지고, 여러 사람의 손을 거쳐 이동하면서 결재 서명이 더해진다. 마지막으로 서류가 접히고 누군가가 서류를 들고 이동해 캐비닛을 열면 그와 비슷한 종류의 서류가 엄청나게 쌓여 있다. 서류를 안에 놓은 뒤 캐비닛을 닫고 돌아 나오면서 카메라가 빠지면 공간 안에 그런 캐비닛이 엄청나게 많이 배치되어 있는 모습이 보이면서 영화가 마무리된다.

감독님에게는 이 마지막 장면이 클라이맥스였다. 감독님은 〈실미도〉를 통해 '우리 근현대사에는 이렇게 묻히고, 잊히고, 사라진 사건들이 대단히 많이 있다'는 얘기를 하고 싶으셨던 것이다. 작가로서 그 부분은 '메시지'라고 생각한다. 메시지로는 주인공을 이끌고, 플롯을 구성하고, 모순으로 보였던 것을 하나로 엮을 수 없다. 증명하고 싶은 가치가 분명할 때, 불가능해 보이는 것을 가능하게 만들 수 있는 힘이 생긴다.

작가로서 사건, 소재, 기획, 아이템을 제안받는 경우가 있다.
"요새 호러가 인기 있는데 이런 얘기 해 보면 어때?"
"요즘 자폐 스펙트럼에 관심이 많아졌는데, 자폐 스펙트럼을 가진 다른 직업군의 주인공으로 이야기를 해 보면 어때?"
제안을 받을 수도 있고 본인이 관심을 가질 수도 있다. 그렇게 이야기를 시작할 수도 있다. 그러나 이야기를 세워 나가는 것은 언제나 '나는 이야기를 왜 하고 싶어 하는가? 무슨 가치를 증명하고 싶어 하는가?'여야 한다. 이에 대한 답을 갖고 있어야 이야기를 시작하고, 마무리 지을 수 있다.

(3) 주제와 이야기 요소의 상관관계
-《소실점》을 중심으로

주제를 결정하고 이야기의 큰 흐름을 잡았다면, 다음 단계는 이야기의 요소를 결정할 차례다. 이 역시 주제로부터 시작되어 유기적으로 연결되어야 한다.

첫 소설인 《소실점》은 복합장르 작품이다. 에로틱멜로와 미스터리가 섞여 있다. 작가로서 받은 많은 질문과 요구에서 기획이 시작되었다.

"멜로 좀 안 쓸 거냐."

"사람의 사랑 이야기를 좀 써라."

개인적으로 음모론이나 전쟁, 정치 싸움을 좋아하는 성향이다. 영화 〈국화꽃 향기〉는 원작이 있었고, 멜로라는 장르는 '내가 멜로를 쓸 수 있을까?'란 생각과 함께 넘보면 안 될 영역이라는 생각이 강했다. 그러나 영화나 드라마를 위한 이야기를 기획하면서는 멜로에 접근하지 못했지만, IP로서의 원작 생산을 목표로 하는 출판사를 시작하고 보니 소설로는 멜로를 쓸 수 있을 것 같았다. 모티브나 실화 소재 같은 것이 아니라 '멜로'라는 장르에 대한 도전이었다.

  이 장르를 시작하기 위해 정리해야 하는 키워드는 당연히 '사랑'이었다.

  '사랑은 이것이라고 증명하고 싶은 가치는 무엇일까?'

  경험한 최고의 사랑은 아가페, 신의 사랑이다.

  "나는 죄인인데, 예수라고 하는 신이 나의 죄를 덮기 위해 이 땅에 내려와서 십자가라는 모욕적 상황 속에 죽고 부활하여 십자가 보혈의 능력으로 죄가 없는 순결한 존재가 되었다"라고 정리되는 사랑이다. '의롭게 되었다'는 것을 칭의라고 하는데, 이 과정을 거쳐서 이전과 다른 삶을 살 수 있도록 해 준 예수의 사랑이 내게는 최고의 사랑이었다.

  이 사랑을 증명하는 이야기를 그리겠다고 결정했지만 '종교 소설'을 쓸 생각은 아니었다. 이 사랑이 증명될 수 있는 사람들의 이야기로 치환해야 했다. 남녀 간의 사랑으로 바꿔서 대입했다. 아가페 사랑의 속성 가운데 하나인 '갚을 수 없는 사랑'에 초점을 맞추었다. '나의 사랑에 보답할 수 없는 상대, 즉 이미 죽어 버린 상대의 명예(칭의는 의롭다는 명예를 가질 수 없는 존재에게 의롭다는 명예를 주는 것과 같다)를 위하여 목숨을 내주는 사랑'이라면 아가페 사랑에 가장 가까이 다가갈 수 있을 것 같았다.

  《소실점》은 여자 주인공이 나체 상태로 목에 스카프 하나를 두른 채 바닥에 떨어져 죽는 사건으로 시작한다. 여성은 대한민국에서 가장 명예로운 직업과 사회적 위치를 가졌던 사람이다. 변명하기도 난감하고 난잡한 상황에서 절대 발견되어서는 안 되는 곳, 시골 미술 선생의 아틀리에에서 발견된다. 바닥에 떨어진 명예, 이미 죽어 버린 사람. 그래서 어떤 사랑과 헌신을 바쳐도 그녀로부터 어떠한 보답도 받을 수 없는 상태에서 시작되는 한 남자의 사랑 이야기.

이것이 기독교적 세계관 안에서 아가페 사랑을 증명하기 위해 설계된 이야기라는 말을 하기 전에는 아무도 그렇게 생각하지 않는다. 굉장히 장르적이고 강렬한 표현을 많이 담고 있어 더욱 그렇다.

주제와 메시지가 동일하여 밖으로 드러날 수도 있다. 그런 경우에는 이야기가 선명해진다. 동화에서 그런 경우를 쉽게 발견할 수 있다.

정말 하고 싶은 이야기가 척추처럼 기능할 수 있도록 잘 숨겨진 상태로 유기적 역할을 한다면, 겉으로 드러나는 이야기와 숨겨진 내용 사이에 끈끈한 아교질이 만들어지면서 오래도록 사람들의 가슴과 기억 속에 남는 작품이 될 수 있다.

〈실미도〉는 실제 사건을 소재로 영화를 만들겠다는 기획이 정해진 상태에서 시나리오 작업이 시작되었다. 《소실점》은 '멜로를 써야겠는데, 그러면 주제를 어떻게 잡을까?'에서 시작했다. 기획과 소재가 정해져 있지 않은 상황에서 주제로부터 이야기를 시작하는 방식을 정석으로 밟은 작품이다. 집필 기간이 길지도 않았고, 독자의 반응도 나쁘지 않은 작품이었다. 6부작 드라마로 판권도 판매 되었다.

사랑이나 정의에 관해서 우리가 흔히 주제어로 잡을 수 있는, 방향성을 잡아야 하는 가치를 담은 주제어들이 있다. 그런 키워드에 대해 '나는 이렇게 생각해'라고 정리해 보는 작업은 어떤 작품이나 기획을 만나든지 첫 단추를 쉽게 끼울 수 있는 평소의 트레이닝이 되어 준다. 즉 가치관이 잘 정립되어 있는 작가들은 소재를 다루는 방식, 기획을 받아들이는 방식이 정확하기 때문에 먼 길을 돌아가지 않아도 된다는 뜻이다.

또한 '주제를 잘 잡고 있다'는 것은 자신이 가지 말아야 할 길을 파악해 내는 데도 도움이 된다. 함께 일할 감독이나 프로듀서를 만났을 때 정의나 사랑에 대해서 전혀 다른 생각이나 가치관을 가지고 있다면 작업 제안을 받아들여서는 안 된다. 키워드가 같다고 해서 '좋은데?'라고 덥석 들어갔다가 진창에서 헤어 나오지 못하는 경우가 허다하다. 반대 방향으로만 가려고 하기 때문에 깊은 늪에 빠지고 있다는 것을 알게 되기까지 너무 오랜 시간이 걸린다.

(4) 각색에서의 주제
- 〈국화꽃 향기〉를 중심으로

각색은 완결된 이야기, 세상에 소개된 작품을 다른 매체의 콘텐츠로 바꾸기 위해 그 매체에 적합한 형태의 원고를 만드는 작업이다. 예를 들면 소설로 완성이 되어 있는데 웹툰으로 각색을 한다거나, 웹툰으로 공개된 이야기를 영화나 드라마로 만드는 작업이다.

각색 작업을 할 때는 몇 가지 원칙을 기억해야 한다.

첫째, 새로운 작품을 쓰는 것과 같은 생각, 접근, 노력을 들여야 한다. 무조건 이야기를 바꾸라는 뜻이 아니다. 왜 이 작품이 원작으로 선택되었는가, 작품이 갖고 있는 미덕이 무엇이고 매체에 어울리도록 가져갈 수 있는 강점은 무엇인가를 고민해 지켜야 할 코어 가치를 남겨 놓고 나머지 부분을 새로 쓴다는 접근이 필요하다. 우리나라 각색 작품들은 비교적 그런 접근이 잘 이뤄진다. 일본에서는 만화의 모든 컷을 똑같이 실사 영화로 옮기는 경우가 많다.

'좋은 각색'은 원작의 검증된 강점을 갖고 매체에 최적화되도록 새롭게 쓰는 작업이라고 생각하는 편이 좋다. 원래 매체에서 장점이었던 부분이 다른 매체로 건너가면서 장점이 아닌 것으로 바뀌는 경우도 발생하기 때문에 매체에 대한 숙련도도 높아야 한다.

두 번째, 지켜야 하는 핵심 가치가 무엇인지를 이해하고 판단해야 한다. 요새는 '팬덤'이 강력한 힘을 갖고 있어, 웹툰에서 인기를 끈 작품이 영상화되는 과정에서 팬들로부터 "왜 이걸 뺐느냐, 왜 뭘 더했느냐"라는 거센 항의를 받기도 한다. 그것이 두려워 원작으로부터 벗어나지 못한다면 굳이 매체를 확장할 이유가 없는 결과물이 나오기 쉽다. 프로젝트를 기획한 사람이 이 작품을 선택한 이유를 작가가 이해하고 있어야 좋은 각색을 할 수 있다.

이 과정에서 각색의 방향을 잡아 주는 것은 역시 주제다. 물론 원작의 주제를 그대로 살려서 갈 수도 있다. 그러나 각색자가 그 작품에서 증명하고 싶은 가치가 없다면, 그것은 창작자가 아니라 기술자로서의 작업이 된다.

〈국화꽃 향기〉라는 원작의 영화화를 위한 각색 작업을 의뢰받았을 때는 난감했다. "나는 이 작품을 각색할 자신이 없다. 많은 사람이 읽고 눈물을 흘렸던 작품인데 나는 이런 장르의 작품에서 할 수 있는 이야기가 별로 없다"라고 말하며 고사했지만 제작사의 의지가 강력했다.

그래서 몇 가지를 제안했다. 임신한 주인공이 내 몸이냐, 아기냐를 선택해야 하는 부분을 빼도 될지 물었다. 그 설정이 너무 핵심적인 부분이라서 꼭 가져가야 한다는 답변이었다. 그러면 불치병을 바꿔서 갈 수 있는지 물었다. 원작을 산 중요한 이유가 그 설정이라는 답변이었다. 결국 원작의 '우여곡절을 겪은 커플이 결혼에 이르고, 행복한 결혼 생활을 하던 중 아기를 가지게 되지만 임신한 상태에서 여성이 불치병을 알게 되어 치료를 포기하고 아기를 낳은 후 본인이 죽는 선택을 한다'라는 스토리 라인을 건드리지 않는 각색을 해 달라는 요구였다.

그렇다면 작가로서 이 작품에서 할 수 있는 이야기가 무엇일까? 작품의 원작이 갖고 있는 상황에 관한 이야기는 원작 작가님이 훌륭하게 푸셨기 때문에 새삼스럽게 영화로 갖고 오면서 동어 반복을 할 수는 없다고 생각했다. 작품이 많은 이의 가슴을 울렸던 지점, 그러니까 죽음을 앞두고 잉태한 아이를 낳겠다는 결정을 하는, 어떻게 보면 죽음을 향해 뚜벅뚜벅 걸어가는 여주인공의 마지막 선택이 이 작품에서 굉장히 중요한 지점인데 거기서 키워드를 발견했다. '죽음'이었다. 어떤 불의의 사고나 질병으로 인해 영유아로 세상을 뜨지 않는 이상 평범한 일생을 살다 가는 모든 사람에게 죽음은 두 번의 강렬한 경험을 공평하게 제공한다. 첫 번째는 내가 누군가를 떠나보내는 간접적인 경험이고, 두 번째는 내가 사랑하는 사람들을 남겨 두고 세상을 떠나는 직접적인 죽음이다. 이 두 번의 경험을 누구나 공평하게 겪게 되고, 그것이 인생이다.

죽음을 통과하는 모든 사람이 생각해 볼 만한 주제로서의 가치가 있다고 판단했다. 그래서 '누구에게나 찾아오는 죽음을 우리가 용감하게 받아들이고 넘어갈 수 있는 것은 서로에 대한 사랑과 연민이다'로 주제를 잡아 갔다. 사랑에 관한 이야기이기는 한데 '사랑한다'라는 것, 그것이 나에게 주는 미덕 가운데 하나가 '죽음을 받아들이는 자세', '죽음을 향해 나아가는 용기'라고 이야기해 볼 수 있다고 정리됐다.

전체적인 흐름은 많이 각색하지 않았지만, 원작에 없는 설정이 영화 초반부에 삽입되었다. 원작은 남자 주인공이 신입생이고 여자 주인공은 대학 졸업반일 때 만나서 사랑을 하지만 그때는 이뤄지지 않고, 오랜 세월이 지나서 다시 만나 사랑을 확인하고 결혼을 하게 되는 스토리다. 이 이야기에 각색 작업을 통해 여자 주인공에게 이미 사랑하는 사람이 있었다는 설정이 들어갔다. 사랑하는 남자와 사랑하는 엄마, 아빠와 함께 여행을 떠났다가 차 사고가 나서 자기만 살고 사랑하는 세 사람이 동시에 죽는다는 설정이었다. 여주인공에게 사랑하는 모든 사람을 갑자기 빼앗길 수 있는 불가항력적인 죽음에 대한 경험을 준 것이다. 그 후 먼 시간을 돌아서 자기를 굉장히 좋아했던 후배가 적극적으로 사랑을 고백한다면, 한순간에 사랑하는 사람을 다 잃어 본 사람이라면 다른 사람의 사랑을 대하는 태도가 달라질 수 있을 것 같았다.

  결혼 후 두 사람이 행복하게 살 것 같았는데 불치병을 얻는 동시에 아이가 찾아오게 된다. 선택해야 한다. 자신에게 아무것도 남지 않고 사랑하는 사람들이 다 떠나 버렸을 때의 절망감을 경험했던 사람이기 때문에 내가 사랑하는 사람에게 살아갈 이유가 될 생명의 흔적인 아이를 남겨 주고 가겠다는 선택이 좀 더 힘을 가지게 되었다. 큰 맥락에서 바뀐 것은 없지만 영화 〈국화꽃 향기〉는 사랑에 관한 이야기가 아니라, 죽음을 맞닥뜨린 사람이 경험하게 되는 공포와 두려움을 사랑으로 이겨 나가는, 사랑을 품고 죽음을 향해 걸어가는 이야기가 되었다.

  〈실미도〉, 《소실점》, 〈국화꽃 향기〉는 각각 기획의 시작점이 다르고 장르도 다르지만 '주제'를 튼튼한 척추로 세우고 다른 요소를 결합시켰다는 점에서 같다. 정확한 주제는 장르적 이야기에 있어서 절대적 가치를 지닌다.

음식의 맛은 점차 강해지고,
음악의 비트는 빨라지고,
사람의 언어는 거칠어지고 있습니다.
이야기 속에는 자극적인 사랑과 비극적인 죽음이 난무하고,
우리는 더 이상 그것을 통해 아무 것도 느낄 수 없는
무감한 사람이 되어가고 있습니다.

그러나
누군가를 잃는 다는 것, 누군가를 남겨 놓고 떠난다는 것은
백 번을 겪어도, 천 번을 당하여도
영혼에 화인을 남길 만큼 아픈 일임에 틀림없습니다.

상처를 입었을 때,
걸음을 멈추면 황톳 빛 먼지가 온 몸을 휘감을 것 같은 파삭한 광야를
우리는 그저 걸어갈 수밖에 없습니다.
피를 뚝뚝 떨구며, 고아 같은 심정이 되어,
아무 것도 보지 않고, 아무 것도 듣지 않은 채
그냥 시간을 보내면 된다는
어리석은 치유의 방법을 우리는 반복하고 있습니다.

희재가 그러했습니다.
인하를 사랑으로 받아들이기 전까지 그러했습니다.
가슴이 아픈 것은
이제 막 치유가 시작된 희재가
상처를 남기는 사람이 되어버렸기 때문입니다.

우리는 언제나 누군가를 떠나보내야 하는 존재이고
언젠가 누군가를 남겨 놓고 떠나야 하는 존재입니다.
희재와 인하는 우리입니다.
그네들의 느리게, 순하게 상처를 보듬어 안는 사랑을 통해
우리 영혼 어딘가에 자주 빛 딱지 되어 남은 상처를 씻고
언젠가 맞아야할 새로운 상처를 담담히 이길 수 있는
힘을 얻을 수 있었으면 합니다.

정말 그럴 수 있었으면 좋겠습니다.

〈국화꽃 향기〉 대본집 中, 작가의 말

(5) 절대적으로 좋은 소재가 있을까?

이야기를 만들고자 할 때 고려해야 할 중요한 요소 중 하나는 지금 사람들이 어떠한 이야기에 관심을 갖고 있는가, 즉 대중의 관심이 어디에 있고 어떠한 이야기를 듣고 싶어 하는가이다. 어떠한 정서나 가치에 관심을 가지고 있는가? 공정, 상식, 사랑, 헌신, 희생 등 지금의 우리 사회가 갖고 있는 공통의 관심사에 대해서 생각하고 이를 분석해 봐야 한다.

이야기를 밥상으로 치환해서 생각해 보자. 어떤 밥상을 제공하면 밥을 맛있게 먹을 것이며 다음에도 먹고 싶다고, 주변 사람에게도 이 밥을 꼭 한 번 먹어 보라고 권유할까? 그런 밥상을 차리기 위해서는 밥상을 받을 사람이 어떤 밥을 먹고 싶어 하는지를 알아야 한다는 것은 상식적이고 당연한 이야기다. 밥상을 차릴 때는 그렇다고 생각하면서도, 이야기를 생산할 때 사람들은 생산하는 자신에게 집중하는 경우가 많다. '지금 무슨 이야기를 소비하고 싶어 하는가?', '어떤 이야기를 듣고 싶어 하는가?'에 관심을 갖는 것은 기획자들의 일이라고 생각하기도 한다. 그러나 작가도 동시대성에 대해 고민해 나가지 않으면 시대와 동떨어진 이야기를 하게 될 확률이 높다.

밥상 받을 사람이 정해졌다면 이제 그 밥상을 어떤 재료로 만들 것이냐, 즉 이야기의 소재를 결정해야 한다. 소재는 기획과 함께 결정되는 경우가 많다. 제작사가 기획한 후 작가를 찾아 나선 경우라면 대개 소재가 결정되어 있는 경우가 많다. 물론 소재 없이 기획만 오는 경우도 있다. 스릴러물을 해 보고 싶다거나 좀비물을 해 보고 싶다는 식으로 장르만 결정된 경우에는 작가가 소재부터 찾아야 한다.

그렇다면 소재는 절댓값을 갖고 있을까?

'절대적으로 좋은 소재'란 반은 맞고 반은 틀린 말이다. 분명히 좋은 소재가 있다. 분명히 이야기를 많이 품고 있는 소재가 있다. 하지만 어떤 소재든, 누군가에게는 좋은 소재라도 다른 사람에게는 전혀 흥미가 없는 소재일 수도 있다.

밥상으로 다시 돌아가서 생각해 보자면 '나는 굉장히 소박하고 개인적인 관계를 중요하게 생각하는, 허례허식에는 관심이 없는 사람이야'라는 것을 증명하고 싶은 밥상에 느닷없이 한 병에 1,000만 원이 넘어가는 샤토 디켐 와인을 갖다 놓을 필요는 없을 것이다. 샤토 디켐은 가장 비싼 식전주지만 증명하고 싶은 가치가 무엇이냐에 따라 절대 갖다 쓸 수 없는 소재가 될 수도 있다. 어떤 사람은 "맛있는 굴비, 미역국, 흰쌀밥이 굉장히 좋은 밥상이고 이 밥상을 소비하는 과정에서 당신이 나에게 품은 그 다정함을 알겠습니다"라고 말할 수 있지만, 누군가는 같은 밥상을 받고 '맨날 집에서 먹는 밥을 또 먹으라는 건가? 나에게 마음이 없는 거야'라고 생각할 수도 있는 것이다. 즉 모든 소재는 누군가에 좋은 소재일 수도, 아닐 수도 있다.

또 하나는 '장르에 맞는 소재'라는 것이 있다. 거대한 음모론은 미스터리, 혹은 정치 스릴러에 잘 맞는다. 코미디도 가능하다. 하지만 음모의 구체적 내용이 들어온 기획에서 본격 멜로는 어렵다. 작품 안에 멜로 라인이 들어갈 수는 있지만 음모론 소재로 멜로를 만들기는 쉽지 않다. 장르에 적합한 소재는 사이즈와 톤, 확장성 등을 고려해서 판단해야 한다.

소재는 발굴하고, 기억하고, 끊임없이 자료를 찾아 두면서 쌓아 가야 한다. 식품 창고 안에 좋은 식재료와 소스를 많이 저장해 둔 요리사가 더 좋은 요리를 만들어 낼 확률이 높은 것처럼, 소재를 발굴하고 이에 대해 연구하거나 조사하는 작업은 작가로서 살아가는 동안 계속해서 수행해야 하는 일이다.

문화적, 자연적 환경에 따라 소재의 유효성이 결정되기도 한다. 덴마크의 소설가 페터 회가 쓴 《스밀라의 눈에 대한 감각》이라는 책을 보면 제목 그대로 하늘에서 내리는 눈이 중요한 소재다. 눈이 사건에서 많은 비중을 차지하고, 인물의 정서를 표현하는 데 눈이 중요한 역할을 한다. 덴마크 사람들의 눈에 대한 경험이 없으면 소화하기 어려운 장면이 많다. 제주도에서 평생 산 사람이 이 책을 읽는다면 소재에 대한 그 책의 섬세한 묘사와 이를 통해서 느껴지는 카타르시스, 눈이 제공하는 단서를 충분히 누릴 수 없을 것이다. 이 매체를 지금, 여기서 즐기는 대중에게 내가 선택한 소재에 대한 직간접 경험이 충분한지를 고려해야 한다.

다른 시각에서 경계할 점은 '소재주의'에 빠지지 않도록 조심해야 한다는 것이다. 소재주의는 멋진 소재 하나만 있으면 기획이 세워진다는 생각이다. 충격적인 실화라든가 잘 알려지지 않은 역사적 사건을 찾아 소재 자체에 빠져드는 것이다. 밥상을 받을 사람이라든지, 밥상을 통해서 내가 증명하고 싶은 가치를 생각 못 하고 소재 자체의 매력에 빠져들게 하는 마력 있는 소재가 있다. 다 끌어 잡아먹어 버리는 소재에 휩싸이지 않도록 조심해야 한다. 소재 자체로 충분하다면 다큐멘터리로 제작되는 편이 좋다. 관객이 이야기를 소비한다는 것은 작가가 소재를 통해서 무엇을 보여 주고자 하는지, 그 의도와 인사이트를 경험하기 원한다는 것이다. 소재 자체에 함몰되어서 그것을 화려하게 드러내는 데에만 집중한다면 작품이라고 말하기 어렵다.

공모전 심사에서 좋은 소재를 발굴했다는 마음에 작가가 소재에 묻혀 버리는 경우를 종종 본다. 좋은 결과로 이어진 경우는 없다. 신인 작가들이 소재주의를 경계해야 하는 이유다.

(6) 응축력 있는 소재
- 딜레마와 실화

응축력 있는 소재란 무엇일까? 팽팽하게 당겨 감은 고무줄을 놓았을 때 핑그르르 돌면서 저절로 풀려 나가는 힘을 응축력이라고 한다면, 그렇게 스스로 풀어 나갈 에너지가 여러 겹 있는 소재를 가리키는 말이라고 할 수 있다.

실화는 실화이기 때문에 자체로서 힘이 있는 소재다. 이야기의 소재가 될 만큼의 극적인 요소가 있는 경우가 많아서 기획으로 환영받는다. 또 실화는 이야기 진행 중에 우연이나 예기치 않은 행운 혹은 말도 안 되는 불행이 겹쳐도 실화라서 오히려 관객을 몰입시킬 수 있다.

2008년 국내 개봉된 〈체인질링〉이라는 영화가 있다. 1928년에 벌어졌던 실화를 소재로 한다. 사라진 아이가 바뀌는 사건이 소재로, 아이를 찾는 엄마가 주인공이다. 클린트 이스트우드 감독, 안젤리나 졸리 주연이었다.

공공 기관에서 실종된 아이를 찾아와 대대적으로 보도하는 에피소드에서 엄마는 그들이 데려온 아이가 자신의 아이가 아닌 것 같다고 말한다. 너무 낯설다는 것이다. 아이들은 빨리 자라고 많이 변하기 때문에 못 알아보는 것이라고 주변에서 엄마에게 압력을 가한다. 그런데 아이를 데리고 집에 와 보니 아이를 잃어버리기 전에 쟀던 키보다 아이의 키가 줄어든 것을 확인한다. 성장기 아이의 키가 줄어들었다는 말도 안 되는 상황에 엄마는 항의하지만, 기관에서는 그녀를 정신병원에 가둔다. 이런 말도 안 되는 일들이 공권력에 의해서 벌어지는 이야기다. 창작 스토리라면 이렇게 막무가내 설정을 쓸 수 있었을까? 불가능하다. 실화이기에 오히려 "와 진짜 말도 안 된다. 저런 일이 있었단 말이야?"라는 반응을 이끌어 낼 수 있는 것이다.

　2000년에 개봉했던 스티븐 소더버그 감독, 줄리아 로버츠 주연의 영화 〈에린 브로코비치〉는 다윗과 골리앗의 싸움으로 자주 비유되는, 환경을 오염시켜서 사람들에게 큰 해를 끼치는 거대 기업과 그 음모를 파헤치는 개인간의 거대한 싸움에 관한 이야기다. 언제나 흥미진진한 소재로 역시 실화를 소재로 하고 있다. 이야기가 진행되는 도중 주인공 에린 브로코비치가 재판에서 패배할 상황에 몰리는데, 전세를 역전시킬 수 있는 결정적 증거를 펍에서 옆자리에 앉은 사람을 통해 우연히 듣게 된다. 창작 원고에서 결정적 반전을 그렇게 설정했다면 결코 영화화될 수 없지만 실화 소재의 이야기라면 가능하다. "저런 행운이 따랐단 말이야? 이렇게 멋진 다윗의 승리 속에는 이런 행운이 따랐군!"이라는 반응을 이끌어 내며 감동을 더하는 요소가 된다.

　이렇듯 실화 소재는 여러 어려운 점을 극복하기 용이하고, 손쉽게 감동을 주기도 한다. 그래서 많은 신인 작가들이 탐사 보도 프로그램, 역사를 토크쇼 형식으로 풀어 나가는 프로그램들에 관심을 갖고 있다. 우리나라는 오랜 역사를 갖고 있고 역사가 평안하지 않았기 때문에 좋은 소재가 많다. 다른 나라 작가들이 부러워하는 지점이기도 하다. 스토리 그루로 알려진 로버트 맥기 선생은 우리나라를 방문하고 나서 "이 나라에는 소재가 무궁무진하다", "작가들에게 보고와 같은 나라에 너희는 살고 있다"라며 부러워하기도 했다. 원석이 많은 광산을 가까이 둔다는 건 분명 좋은 일이다. 하지만 주제에 적합한 소재가 아니라면, 아무리 강한 응축력을 갖고 있다고 할지라도 좋은 소재가 될 수 없다.

역사 소재의 콘텐츠는 무궁무진하다. 〈옷소매 붉은 끝동〉이라는 드라마는 정조 대왕의 이야기를 담고 있다. 궁중 나인 소녀와 정조 대왕의 사랑 이야기다. 정사에 기록된 인물이고 사건이라 여러 드라마에서 다양한 형태로 다뤄졌던 소재다. 그런데 이 작품은 두 사람의 관계에 집중해서 들어갔고 여성에 대한 새로운 시각과 주제로 접근해서 많은 인기를 누렸다.

〈대장금〉이나 〈기황후〉 같은 드라마는 잘 알려지지 않았던 사소한 몇 줄의 기록을 소재로 대하드라마를 만든 경우다. 〈대장금〉에 관한 기록은 두어 줄이고 〈기황후〉 또한 역사적인 기록이 거의 남아있지 않다. 열세 살에 차 따르는 공녀로 끌려갔던 소녀가 원나라 황제의 후비까지 올라갔으나 끌려간 기황후의 남자 형제들이 고려 공민왕에게 대단히 불손하여 마치 자신들이 대국의 일족이고 공민왕을 속국의 왕처럼 대했다는 것 정도다. 그들이 왕과 말 머리의 위치를 같이 했다는 이유로 고려에서 그녀에 대한 기록을 많이 지우려고 했다고 전해진다. 그럼에도 불구하고, 열세 살의 차 따르는 공녀에서 가장 높은 신분까지 올라간 소녀의 이야기는 큰 응축력을 지닌 소재임에 틀림이 없다.

　짧은 기록에 숨겨진 소재의 응축력을 보고 '나는 이 여성의 이야기를 지금 시대에 이렇게 다루고 싶다'라고 하는 주제를 선명하게 세운다면 많은 상상을 통해서 이야기를 확장시킬 수 있다. 그러니까 소재가 기승전결로 모든 것이 다 갖춰진 이야기거나 혹은 화려하거나 멋져 보이지 않아도, 작은 이야기여도 된다. 잘 꿰어 낼 수 있는 주제와 맞는다면 그것이 응축력 있는 좋은 소재가 되는 것이다.

　우리나라는 5000년의 역사를 갖고 있으며, 거슬러 올라간다면 또 위에 신화까지 있으니 이야기 소재가 대단히 많다. 그러나 소재를 찾을 때 역사 가공물, 즉 드라마나 영화, 웹툰, 소설을 보면서 역사를 공부했다고 생각해서는 안 된다. 가공물은 이미 누군가의 해석을 거친 창작물이다. 이야기를 즐긴 것과 역사를 공부한 것은 다르다.

　역사적 소재를 찾을 때는 원 사료, 즉 1차 역사 자료가 어떻게 되어 있는가를 찾아보아야 한다. 〈선덕여왕〉이라는 드라마에는 '미실'이라는 인물이 등장한다. 선덕여왕과 동시대 인물이라고 보기 어려운데 극적 재미를 위해 각색되었다고 선해신나. 이야기의 허용 범위 안에서 각색을 거친, 콘텐츠화되어 버린 역사 이야기는 역사가 아니다. 역사 이야기 위에 나의 이야기가 올라간다면 그것은 온전한 내 이야기일 수 없다.

　사료는 굉장히 사소하고 소재로서의 가능성이 없어 보이지만, 그렇기 때문에 작가의 인사이트가 더해져 작품이 되는 것이다.

　앞서 살펴본 기황후, 장금, 정조 대왕은 굴곡진 인생을 극복한 서사 자체로 응축력을 가진 소재다. 또 다른 응축력은 두 가지 상황이 부딪친 딜레마, 혹은 세 가지의 상황이 부딪친 트릴레마 소재에서 발견된다.

예를 들어, 보스로 인해서 불행해진 여자를 사랑하게 된 남자의 사정으로 들어가 보자.

> 보스는 어린 시절 나를 구해 준 사람이자 생명의 은인이다. 나는 이 보스에게 의리를 지켜야 한다. 그런데 나는 이 여자를 사랑한다. 이 여자는 보스로 인해 불행하다. 내가 이 여자를 구한다면, 나는 의리를 저버리고 목숨이 위험해질 수 있다. 보스와의 의리를 선택한다면, 내가 사랑하는 여자는 불행하게 살 수밖에 없다.

이렇게도 저렇게도 할 수 없는 상태나 상황에 빠졌을 때 주인공은 백척간두에 서 있는 감정을 느끼고, 관객의 긴장감은 높아진다. 긴장감 높은 문제가 해소되었을 때 카타르시스는 더욱 강력해진다.

주인공을 딜레마, 혹은 트릴레마에 빠뜨릴 수 있는 소재는 응축력이 높다. 여러 가지 상황을 또 생각해 볼 수 있다. 예를 들어서 주인공이 기억을 잃었다고 치자. 기억을 되찾고 싶어서 추적하다 보니 하나하나 나오는 증거가 자신이 엄청 나쁜 사람이었다는 것들이다. 기억을 잃어버린 채 살아가는 것은 끔찍하기 때문에 기억을 찾긴 찾아야 하는데, 기억을 찾을수록 내가 나쁜 놈인 게 증명이 된다면 기억을 찾을 것인가? 아니면 그냥 그 상태에 머물 것인가?

딜레마다. 주인공이 딜레마에 빠지면 관객 혹은 독자는 '내가 그런 상황이라면'이라는 가정에 들어가 이야기 속으로 깊이 개입하기 시작한다. 밀정이나 스파이 이야기가 재미있는 이유도 기본적으로 딜레마 상황이기 때문이다. 스파잉을 하다 보면 집단 안에서 관계를 맺을 수밖에 없다. 친구가 되거나 연인이 된다. 스파이 노릇을 하다 보면 이 사람들을 배신할 수밖에 없고, 내가 미션을 수행하면 이 사람들이 죽는다. 그렇다고 미션을 버리면 내가 원래 속했던 공동체가 큰 타격을 입는다.

혹은 내가 A라는 조직에 몸담고 있지만, 궁극적으로는 B라는 조직을 위해서 일을 하고 있다는 것을 세상 사람 누구도 모르게 일했을 때 내 미션이 성공한다. 그런데 내가 미션을 성공하면 개인적으로는 굉장히 불행하거나 아주 험악한 결론을 맺을 수도 있다. 언더커버 소재의 주인공이 가진 딜레마다. 〈신세계〉, 〈밀정〉, 〈무간도〉 같은 작품에서 쓰인 소재들이 매력적일 수밖에 없는 이유는 그 상황에 처한 주인공이 굉장히 깊은 딜레마에 빠지기 때문이다. 이러한 이야기를 볼 때 사람들의 긴장감이 굉장히 높아지기 때문에, 이야기를 숨 쉴 틈 없이 긴박하게 쫓아갈 수 있는 높은 수준의 이야기를 만들어 낼 확률이 높다.

(7) 소재를 발굴해 가는 과정
-《로고스 가디언》을 중심으로

복합적인 콘텐츠 기획을 충족시키기 위한 소재를 찾아야 할 때가 있다. 게임, 전시 스토리, 문화 상품 개발을 위한 이야기를 설계할 때 등이 그렇다.

세 번째 소설인 《로고스 가디언》이 그런 경우였다. 2022년에 출간된 이 소설에 수록된 작가의 말에 쓰여 있지만, 이 작품은 게임을 만들기 위한 세계관으로 설계됐다. 오프라인에서 TV 오락 프로그램 〈런닝맨〉처럼 사람들이 뛰어다니면서 미션을 해결하고, 그걸 통해서 어떤 목적을 이루는 포맷의 게임이다. 여기에 VR도 들어가고, AR도 들어가고, 온라인 게임도 결합된다. 사람들이 지속적이고 반복적으로 게임에 유입되어야 하기 때문에 세계관이 필요했다. 목적이 분명한 소설 기획이었다.

하지만 설계의 시작은 언제나 같다.

> 지금 시대의 사람들이 공통적으로 갖고 있는 관심사는 무엇일까? 내가 어떤 이야기를 건넸을 때 이것에 대해서 "맞아, 나도 그 이야기에 관심이 있어"라고 반응을 해 올 것인가?

밥상을 받을 사람들을 생각해서 그들에게 건넬 주제적 가치를 고민하는 것이다. 그때 들려온 세상의 목소리 가운데 하나는 이것이었다.

"요즘 세상이 왜 이래? 요새 애들은 왜 이러지? 왜 이렇게 세상이 점점 더 험악해져 가는 거야? 왜 이렇게 살기 어렵지? 옛날에는 안 그랬던 거 같아."

세계가 계속해서 나빠져 가고 있다는 의견이었다. 그 의견에 작가로서 동의하느냐를 검증해 보았다.

"그래, 사람이 사람을 신뢰하지 못하고, 더욱더 끔찍한 사건이 벌어지고, 인간성이 말살되는 현상이 보이는 것 같아. 그리고 나빠져 가는 속도가 더 빨라지지. 왜 이런 일이 벌어지는지 생각을 해 볼까? 어디에서 원인을 찾아야 할까?"

이런 문제의 원인을 생각하면 주제로 이어진다. 작가가 세계를 인식하는 방식에서 원인을 찾으려 할 테니 낭연한 연결이다.

인간을 몰아가고 있는 어떤 세력이 있다고 생각했다. 구체적인 세력은 아니었다. 인간은(갖고 있는 세계관 안에서는) 영적인 존재니까, 이런 영적인 존재인 인간을 한 방향으로 계속해서 몰아가는 상위 개념(우리 눈에 보이진 않아도 그렇게 몰아가고 있는 힘)이 있다고 생각했다. 그러면 "힘들이 몰아가고자 하는 방향이 어디야?" "인간다움에서 인간답지 않은 방향으로. 그러면 이들의 목적은 뭐지?"라고 질문하고 답하는 과정에서 생각을 다듬어간다.

인간을 인간답지 않은 상태로 만들어 가는 거대한 힘을 자본주의라고 한다면, 자본주의는 인간을 돈의 노예로 만든다든가 인간의 인권이나 고귀함을 돈 아래 놓게 만들고, 그러면 범죄가 판을 치고 세상의 흐름은 무섭게 변화되어 간다고 생각했다.

"자본주의의 시작은 어디이고 누구이고 무엇일까? 인간이 다 불행해진다 할지라도 돈을 많이 갖고자 함인가?"

그런 질문을 갖고 자본주의의 역사를 들여다보면 자연스럽게 만나게 되는 것이 로스차일드 가문이라든가 유대 자본주의 같은 키워드들이다. 소재로써 로스차일드 가문에 접근하면 그들이 어떻게 부를 이루었는지 궁금해지면서 유대인들은 언제부터, 어떻게 자본주의 세계를 조종하는 듯한 민족으로 자리를 잡게 되었을까 질문하게 된다. 유대인들은 제2차 세계대전에서 홀로코스트를 겪은 민족이다. 인구가 적고, 국토없이 오랫동안 세계 곳곳에서 디아스포라로 살던 사람들이다. 언제부터 세계 경제를 주무르고 모든 사람을 자신들의 발아래 둘 수 있는 세력이 되었을까? 유대인은 그 출신을 생각할 때 생김새가 지금의 중동 국가 사람들과 비슷해야 한다. 그런데 스티브 잡스나 우디 앨런, 빌 게이츠처럼 문화적 영향력을 행사하는 굉장히 많은 백인 남성들이 유대인이다. '왜 우리가 알고 있는 지역적인 생김새로부터 벗어난 사람들이 유대인일까?'라는 의문을 갖게 되었다. 그러다가 핏줄로 계승된 유대 종족이 아니라 유대교를 믿음으로써 유대 민족이 된 이들에 관한 이야기를 알게 되었다. 열세 번째 지파로 알려진 하자르족이었다.

새로운 사실을 알게 되었다면 그 지점에서 다시 파고 들어간다.

'아, 이 사람들이 유입되면서 유대교 개종 압력을 받게 되었고, 이

동하지 않으면 사회적으로나 교육적으로 혜택을 받지 못하는 상황에 처했고, 그래서 이 사람들이 고리대금업을 한다든가 다른 사람들이 손을 대지 않는 도축업을 하게 되었고, 그래도 이 사람들만으로는 생존에 문제가 생기니 적은 돈이라도 모아서 운용하는 펀드 개념을 만들게 되고, 그래서 이 사람들의 자금 동원력이 높아지니까 이 펀드를 운영하면서 유럽 왕들의 돈을 맡게 되었고…….'

이런 식의 이야기들이 쭉 퍼져 나가기 시작한다.

'그래서 이 사람들이 끝내 이루고자 하는 것은 무엇일까?'라는 질문으로 민족의 역사를 따라가다가 《로고스 가디언》에서 드러내고자 했던 주제와 맞닿는 소재들을 발견할 수 있었다.

우리는 흔히 자본주의와 공산주의가 대립하는 이데올로기라고 생각한다. 그런데 자본주의를 시작한 사람도 유대인이고 공산주의를 시작한 사람도 유대인이다. 공산주의의 시작점이 마르크스이고 자본주의의 시작점이 애덤 스미스인 것을 각각 알고 있던 때와, 이 두 사람이 모두 유대인이라는 것을 인식하고 바라볼 때는 시선은 매우 다르다.

만약 유대인이 이 두 이데올로기의 위에 서 있다면 어떻게 될까? "너희에게 필요한 이데올로기를 원하는 대로 가져가. 결국 너희를 지배하는 건 우리야"라는 의도가 있다면 '인간을 한 방향으로 몰아가는 세력'으로 설정하기에 부족함이 없어 보였다.

이들의 최종 목적이 인간에 대한 완전한 지배, 즉 신의 위치에 서는 것이라면 이들이 사용할 효율적인 도구는 무엇일까? 이 질문에서 주목한 것은 '인간'에 대한 지배였다. 자연, 동물이 아닌 인간에 대한 지배라면 인간만이 가진 특질에 대한 지배여야 했다. 그래서 떠오른 소재가 '언어'였다. '존재의 집'이라고 하는 언어가 사람과 동물을 구분해 주는 굉장히 중요한 경계니까 '언어 체계나 언어의 가치를 무너뜨림으로써 인간의 인간다움, 인간의 영적 존재성을 공격할 수 있겠다'라고 정리되었다.

그러면 여기부터는 언어에 대한 자료 조사를 해야 한다. 인간은 언제부터 언어를 가졌고, 언어를 표현하는 문자 체계는 어떻게 형성되었으며, 왜 인간만이 이런 식의 언어를 구사하는가에 관한 여러 학설들을 공부하는 것이다.

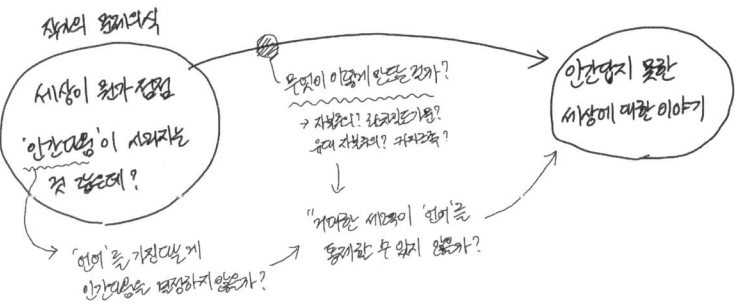

이렇게 기획에 필요한 소재를 발굴해 나가는 첫 단계에서는 그물을 넓게 펴야 한다. '내 이야기를 받을 대중의 관심은 어디에 있고, 사회적 현상은 무엇을 드러내고 있나?'를 고민하면서 넓고 성긴 그물을 펼쳐 훑어 나가는 과정 중에 걸리는 키워드들을 카테고리로 분류하고, 그 카테고리 안에서 더 좁혀 들어가는 방식이다. 키워드에서 다시 꼬리를 물고 소재가 이어져서 알아야 하는 것들이 생긴다. 그러면 공부하고, 연구하고, 자료를 조사하면서 소재가 풍성해져 간다.

《로고스 가디언》의 경우 특정한 기획 목적을 가지고 소재를 발굴해 가는 과정에서 자연스럽게 분야가 넓어지기는 했지만, 평소에 소재를 발굴해 놓고 기록하는 습관을 갖는 것이 중요하다. 사회 현상에 지속적으로 관심을 가지고 관찰하는 것이 평소 습관이 되어야 한다.

분야를 넓혀 연구하고 자료를 찾아 나가면 의도치 않았던 것들이 발견된다. 큰 의미가 없어 보일 수도 있다. 하지만 사소한 조각이 연결되면서 응축력 있는 소재가 될 수도 있다.

메탄 하이드레이트라는, '해저 밑에서 채취되는 불타는 얼음'이라는 별명을 가진 에너지원이 있다. 다음 세대에서 석유 이상의 기능을 할 수 있는 굉장히 좋은 에너지원인데, 여기까지는 의미 없는 정보에 불과하다.

일본과의 독도 영유권 분쟁은 대한민국 국민이라면 누구나 인지하고 있는 사실이다. 독도에 관한 이야기를 영화화하려는 많은 시도가 있었다. 독도 수비대 이야기도 여러 번 영화로 기획되었다가 무산됐다. 몇 가지 에피소드밖에 없기 때문이다. 그런데 독도 인근 해저에 메탄 하이드레이트가 상당량 매장돼 있다면 어떻게 될까?

메탄 하이드레이트에 관해 공부해 보면 메탄 하이드레이트를 채취하는 기술, 저장하는 기술, 땅으로 갖고 나오는 기술이 각각 많은 자본이 들어가는 첨단 기술이어서 이 모두를 다 갖고 있는 나라는 없다는 사실을 알 수 있다. 현재는 발굴 비용이 에너지 비용보다 높아서 발굴할 이유가 없지만 미래에는 발굴해서 써야 할 가능성이 높다는 정보도 알게 된다. 의미 없어 보이는 정보와 오래된 사실이 결합해 응축력 있는 소재가 되는 것이다.

걸어 다니면서 내가 경험하는 일들을 머릿속에 차곡차곡 쌓아 두면 연결되면서 역할을 하게 된다. 30년도 더 된 오래전, 대학 동기 가운데 가장 먼저 결혼해서 제일 먼저 아기를 낳은 친구가 있다. 산후

조리원이 있던 시절이 아니어서 산간호를 해 주실 분을 집으로 모셨다고 했다

"그분하고 잘 맞아? 아기 잘 봐 주셔?"

"모르겠어. 나 몸만 추스르면 빨리 가시는 게 좋을 거 같아."

"왜?"

"아니, 아기 봐 주실 분이니까 내가 좋은 마음에 비단 금침 마련해서 머무실 방에 넣어 드렸는데 그걸 안 깔고 주무셔. 그리고 이분이 치아가 하나도 없으셔. 그래서 뭔가 이분에게 너무 어두운 사연이 있을 것 같고, 너무 불편하실 것 같아서 이분한테 신생아를 맡기는 게 좀 마음에 걸려."

이 에피소드는 친구 간의 사적인 대화일 뿐이다. '어떤 사연이 있는 분이길래 비단 금침을 펴지도 않고 거기에 기대서 앉아 주무실까?' 정도를 생각하면서 한쪽 기억에 넣어 두었다.

〈실미도〉라는 작품에서, 주인공이 어머니의 사진을 놓고서 자기를 담당하는 군인이랑 싸우고 어머니에 대한 이야기를 하는 장면을 쓸 때였다. 주인공에 관한 설정은 아버지가 고정 간첩이었는데 어느 날 어머니하고 아들을 버리고 북으로 가 버린 후 연좌제에 걸려서 인생이 망가져 버린 상황이었다. '그런 엄마라면, 어떨까?'라고 생각했을 때 친구의 산후 도우미 에피소드가 떠올랐다. 그래서 주인공이 어머니에 대해 "어머니는 이불을 펴지 않고 주무십니다"라고 말하는 대사를 쓰게 되었다. 이름을 가지거나 영화 속에 등장하지 않는 인물이지만, 어느 날 눈을 떠 보니 남편은 월북을 해 버렸고 자신들은 간첩의 가족이 되었을 때 느꼈을 감정과 삶은 주인공에게 큰 영향을 끼치는 설정이기 때문에 중요했다. 주인공이 '어머니가 왜 그렇게 절절한

가'를 압축된 대사로 풀어내도록 할 때 이 에피소드가 큰 도움이 되었다. 작가가 경험하는 모든 것은 소재다.

"이렇게까지 무거운 주제들, 음모론, 메탄 하이드레이트 같은 것들이 필요 없는 장르를 쓰는 경우에는 그렇게까지 공부하지 않아도 되지 않나요?"라고 질문할 수도 있다. 로맨스물의 경우, 남자 주인공과 여자 주인공이 만나야 한다. '어디서 만나지? 어떻게 만나지? 왜 만나지?'가 중요하다. 새롭고 신선한 공간이나 상황을 만들어 주어야 한다. 이때 공유 오피스나 에어비앤비 시스템을 알거나, 따릉이나 공유 자동차가 어떤 식으로 운영되는지를 알고 있는 작가와 이에 대해 무지한 작가는 만들어 낼 수 있는 상황의 밀도가 다르다.

"Creativity is just connecting things(창작이란 단지 연결하는 작업일 뿐이다)"이라는 말을 스티브 잡스가 했다고 한다. '연결'이다. 무엇과 무엇을 연결해서 새로워 보이는 것처럼, 새로운 창작물인 것처럼 내놓는 것이 창작의 과정이라고 했을 때 연결할 수 있는 블록이 많은 사람이 훨씬 다양한 조합을 만들어 낼 수 있고, 오래도록 작업을 해도 소재가 마르지 않을 수 있다. 여러 장르를 넘나들 수도 있다.

소재 창고 블록의 개수가 적으면 조합의 수와 결과물이 굉장히 제한적이다. 전업 작가로 10년, 20년, 30년을 살아간다는 것은 끊임없이 새로운 이야기를 세상에 내놓아야 한다는 의미다. 내 우물이, 내 창고의 블록이 다섯 작품 정도 섰을 때 말라 버린다면 작가의 생명은 거기서 끝난다. 새로운 블록, 새로운 우물을 채워 넣지 않는다면 업계를 떠나야 한다.

공부하고, 연구하고, 자료를 찾고 쌓아 두는 것은 써내는 것만큼이나 중요한 작가의 업무다.

(8) 기획과 소재
–〈공공의 적 2〉를 중심으로

정해진 기획에 맞는 소재를 찾는 과정에서 모든 것을 뒤엎고 새롭게 시작해야 하는 경우도 있다. 〈공공의 적 2〉가 그런 작품이었다.

〈공공의 적〉이라는 영화가 새롭고 신선한 작품으로 평가받은 상황에서, 그 영화를 연출하신 감독님께서 〈실미도〉를 찍으실 때였다. 해상 촬영이 필요했는데 당시에는 국내에서 촬영이 불가능했다. 해양 스튜디오가 있는 유럽의 몰타에서 촬영하게 되어서 촬영지에 동행했는데, 그 촬영 현장에서 〈공공의 적 2〉 시나리오 집필 의뢰를 받았다.

"절대 못 씁니다. 성공한 1편이 있는 상황에서 속편을 쓴다는 건 잘해야 본전인데…… 본편 작가님들이 다시 쓰시거나, 아니면 그냥 속편을 만드시지 않는 게 어떻겠습니까?"

이렇게 고사했다. 본편의 '강철중'이라고 하는 캐릭터가 워낙 잘 만들어진 형사 캐릭터였기 때문에 밥숟가락 얹는 작업을 할 이유가 없었다. 감독님의 설명과 설득이 이어 졌다.

"'강동구 강력반 강철중' 캐릭터로 가자는 게 아니다. 강철중이라는 주인공 이름은 있되, 검사로 갔으면 좋겠다. '형사가 잡아야 하는 공공의 적'이 있을 텐데 나는 〈공공의 적〉 1편에서 정말 '공공의 적', 그야말로 우리 사회 모두의 적이 될 만한 사람을 그려 내지는 못했던 것 같다. 너무 독특한 사이코패스 존속 살해범을 잡았지만, 그 사람이 끼친 해악이 사회 전반에 영향을 미쳤느냐고 생각해 보면 아니었다. 그래서 진짜 '공공의 적'을 한번 다뤄 봤으면 좋겠는데 〈실미도〉에서 합을 맞춘 작가가 써 줬으면 좋겠다."

고민되는 제안이었다. 그런데 〈실미도〉 첫 번째 시사회를 대검찰청 검사들 앞에서 가지면서 "이런 영화를 만든 작가와 감독이 검사를 주인공으로 하는 다음 작품을 만들려고 하니 적극 협조해 주셨으면 좋겠다"라고 선포해 버리셔서 꼼짝없이 작업에 들어가게 되었다.

가장 먼저 할 일은 '공공의 적'을 찾아내는 작업이었다. 시리즈의 타이틀에 걸맞는, 사회 전체에 영향을 끼치는 나쁜 놈이 누구일까에 대한 고민과 이런저런 기획 회의가 이어졌다. 그 가운데 고등학교까지 파고든 마약 사범의 이야기도 있었다. 우리나라가 마약 청정국이라(2000년대 초반 상황)하더라도 알게 모르게 마약이 널리 퍼져 있고 특별히 한창 자라야 할 10대 청소년들에게 파고든 마약이라면, 그것을 팔아 돈을 버는 놈들이라면 충분히 공공의 적이 될 수 있다고 생각했다. 감독님의 생각은 달랐다.

"그 사람들이 공공의 적이기는 한데 김 작가는 살아가면서 마약한 사람을 직접 본 적이 있나"

"아니요. 저는 없습니다."

"그러니까 그런 공공의 적 말고, 우리 피부에 와닿는 공공의 적, 정말 우리 삶 어디서라도 마주칠 수 있는 공공의 적을 찾아줬으면 좋겠다."

 그에 맞추어 사회 범죄 전반을 샅샅이 뒤진 끝에 나온 것이 '사학재단 비리'였다. '교육'은 모든 사람에게 영향을 끼치는 영역이다. 그래서 이를 목적하여 세워진 '재단'은 사립이라 해도 세금으로 많은 지원을 해 주고, 사업자 역시 금전적 이득을 목적으로 하지 않는 것이 건강한 관계다. 그런데 사학재단의 껍데기를 입고 개인적 이득을 위해 비리를 저지르고 있다면 충분히 공공에게 해를 끼치는 존재로 규정할 수 있을 것 같았다. 감독님도 이에 동의하여 〈공공의 적 2〉는 사학재단의 이사장을 안타고니스트로, 이를 잡는 검사 강철중을 프로타고니스트로 설정하고 제작에 들어갔다.

 일반적으로는 기획과 소재가 함께 결정되는 프로젝트가 많지만, 〈공공의 적 2〉처럼 소재는 열려 있고 기획만 정해지는 작품도 있다. 이런 경우 처음 제안받았을 때, 본인 오리지널로 창작한다고 해도 그 기획의 어느 지점이 핵심인지를 파악하는 일이 중요하다. 그래야 소재를 어디서부터 연구해야 하는지, 첫 점을 어디에 찍어야 할지를 빨리 파악할 수 있다.

 '호러'라는 기획만 있다면 "뭐가 무섭지? 21세기인 지금은 뭐가 제일 무서울까?"를 질문할 수 있어야 한다. 1970~1980년대에는 '구미호'가 무서운 존재여서 TV 여름 납량 특집극에서 단골 소재로 등장했다. CG나 특수 효과가 조악했던 시절이지만, 구미호가 사람의 간을 빼 먹고 여우로 변하는 모습을 '공포의 핵심'으로 삼아 브라운관 앞으로 사람들을 모을 수 있었다. 하지만 21세기 구미호는 로맨틱한 소재다. 그렇기 때문에 기획의 포인트가 어디인지 정확하게 파악해야 한다.

"무엇으로 무섭게 할 것인가, 무엇으로 슬프게 할 것인가, 무엇이 웃길 것인가."

어떤 포인트가 그 장르의 기획을 가장 잘 살려 주는 핵심인지 파악하면 그 핵심을 관통시킬 소재를 찾기 위해 어느 영역을 조사하고 연구해야 할지 판단할 수 있다.

소재를 발굴한다는 것은 기획에 가깝다. 내가 쓰고 싶은 것보다는 시장의 상황, 대중의 흐름, 매체 안에서 지금 어떠한 콘텐츠들이 소비되고 있는가에 대해 프로듀서적인 시각을 가지고 발굴해야 상업 콘텐츠로서 성공할 가능성을 높일 수 있다.

2. 인물과 배경

(1) Who와 Why

이야기 설계에서 인물을 세울 때 "누군데?"라는 질문은 무의미하다. "너는 누구냐?"는 현실을 살아가는 사람들에게 많이 던지는 질문이다. 이야기 속의 인물은 '누구로 등장하는 것'이 아니다. 작가가 창작하는 인물이고, 작가에게 미션을 받은 존재다.

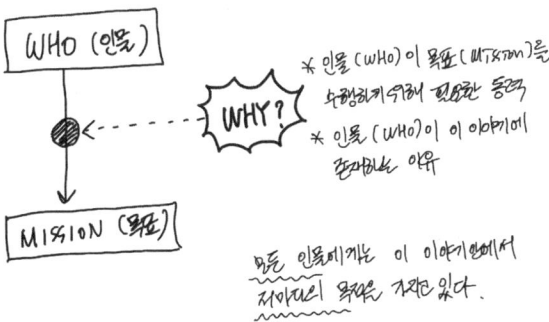

이야기 속의 인물은 '정해진 일을 해야 하는 사람'이다. 그 일에는 자연스럽게 "Why(왜)"가 따라 들어온다.

"이 일을 왜 하는데?"

예를 들어 보자.

> 주인공이 큰 미션을 해결하기 위해 해킹으로 뚫고 들어가야 하는데, 주인공에게는 그만한 해킹 실력이 없다. 주인공은 조력자를 찾는다. 해커의 도움을 받아 주인공이 미션을 무사히 완수하고 주제의 가치를 증명하면서 이야기가 끝난다.

작가가 조연에게 준 미션은 '해커로서 해킹해서 주인공을 도우라'이다. 그러기 위해 "어려운 방화벽을 뚫고 해킹에 성공할 수 있는 근거는 이런 커리어를 갖고 있기 때문이다"라는 'Who(누구)'의 영역이 채워지는 것이다.

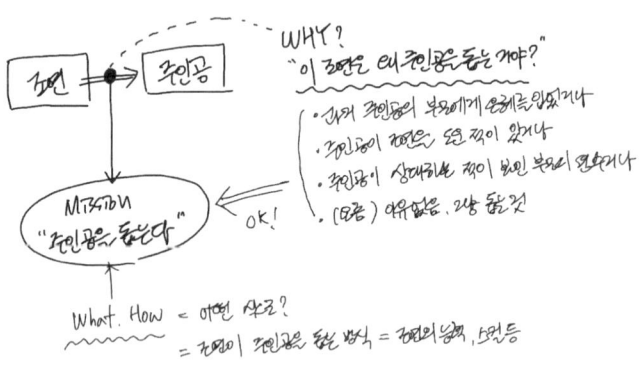

실력을 채워서 해킹에 성공한다고 해도 '주인공을 왜 돕나?'가 설득되지 않으면 이 조연에 대해 관객은 동의하지 못한다. "도대체 왜 주인공을 돕지? 왜 이렇게 어려운 일을 굳이 해내야 하지? 왜 위험을 무릅써야 하지?"를 충분히 설득시켜야 한다. 조연들이 이야기 진행 중 주인공을 대신해 죽음을 맞기도 하는데, 그 희생에 동의할 수 없다면 그가 어떤 환경에서 자라 뛰어난 해킹 실력을 갖게 되었는지는 중요하지 않게 된다.

그러니까 이 캐릭터의 행위 속에는 '무엇을 하느냐'도 들어가고, '어떻게 하느냐'도 들어가지만 이 모든 것들은 드러나는 표면에 불과하고, 그 속에 있는 'Why'를 설득하지 못하면 의미 없는 것이다. 인물이 살아 있고, 납득할 수 있고, 정서를 따라갈 수 있고, 동의할 수 있고, 응원하게 되기까지 '감정 이입'이라는 마법이 벌어져서 "네가 이 일을 꼭 성공했으면 좋겠어"라는 마음을 먹게 만드는 데까지, 이 해커의 키는 Who가 아니고 What도 아니고 How도 아니고 Why라는 것이다.

이 Why를 설정해 주지 않거나(이 Why가 이야기 안에 드러나지 않더라도) 작가가 인물의 내적 동기를 소화해 담지 못하면 인물은 살아 있지 않은 인물이 된다. 물론 이야기 속의 인물들은 작가에 의해 창작된 인물이지만 보는 사람이 그것을 깨닫는 순간, "사람이 어떻게 저러냐? 너무 말도 안 되는 얘기잖아!"라고 생각하는 순간, 환상이 깨지면서 감정 이입의 마법이 끝난다. 만들어진 남의 이야기를 구경하는 상태가 된 관객은 팔짱을 끼고 물러난다. 감동받지 않았는데 카타르시스가 일어나기란 불가능하다. 그런 이야기를 다시 소비하겠다고 찾아 들어오는 관객이나 시청자나 독자는 없다.

이야기의 목적은 처음부터 내가 느낀 이 감정을, 이야기를 소비하는 사람들도 동일하게 느끼게 하기 위함이다. 그 공감이 불가능한 상태로 이야기를 분리시켜 버리면 만들어진 이야기, 가공의 이야기, 믿을 수 없는 이야기가 되면서 향유자와 이야기 사이에 아주 넓은 공간이 생겨 버린다. 이 공간을 좁혀 주지 않는 한 어떠한 이야기의 마법도 벌어지지 않는다. 인물 설정들 속에는 Why의 근거가 담겨 있어야 한다.

예를 들어 '아들을 바라고 딸을 여섯 명이나 낳은 상태에서 일곱 번째로 태어난 딸'이라는 설정이 있다고 생각해 보자. Who의 설정에 담긴 팩트일 뿐이지만 일곱째 딸에 대해 여러 가지 생각을 할 수 있다. 그 안에 무엇이 응축되어 있을지에 대해서 많은 사람이 공감할 수 있기 때문이다. 그 인물이 "아들? 결혼? 나는 혐오해"라고 할 때 "너는 그럴 수 있겠구나"라고 이해할 수 있는 것이다.

'아버지를 제시간에 살려 내지 못한 게 너무나 한이 맺혀서 의사가 되기로 결심한 아들'이라는 설정이라면, 너무 뻔한 이야기임에도 불구하고 그 속에 담긴 Why에 대해서는 대부분 동의할 수 있다. 'Why'는 보편적으로 미루어 짐작할 수 있는 정서적인 요소를 충분히 설득해 낼 수 있는 설정이어야 한다.

그렇다고 꼭 드라마틱하고 가슴 아픈 사연, 또는 사회적으로 꼭 해결해야 하는 문제들을 배경으로 할 필요는 없다. 최근에는 "왜 그랬어?"라는 질문에 "그냥"이라는 답도 동의를 얻는다. 비장한 에너지를 가진 인물들을 불편해하는 경향 때문이다. 그렇다고 해서 Why가 없는 것은 아니다. 인물은 "그냥"이라고 이야기할 수 있지만, 그 속에는 옅거나 흐리더라도 이 부분을 설득해 낼 수 있는 무엇인가가 존재해야 한다.

"나는 뛰어난 해커인데 어떻게 해커의 길에 들어서게 됐을까. 더듬어 보면 별것 없었던 거 같아. 나는 삼촌이랑 같은 방에 살았거든. 방이 없었어. 내 방이 없었지. 그러다가 어린 삼촌이 군대를 갔다는 거야. 어느 날 사라졌어. 근데 삼촌이 남기고 간 것 중에 컴퓨터가 있었네. 우리 집에서 그거를 어떻게 켜는지 아는 사람은 나밖에 없었고, 그래서 그때부터 컴퓨터는 내 차지가 됐지. 삼촌이 없으니까. 컴퓨터를 다루는 나를 엄마 아빠가 되게 신기하게 생각하고 칭찬을 했어. 그게 기분이 좋아서 그때부터 컴퓨터를 갖고 놀기 시작했고, 그러다 보니 자연스럽게 그냥 일로 오게 됐네."

엄청나게 드라마틱한 사건, 우리 할아버지가 군인이었는데 그 부대가 해킹을 당해서 불명예 제대를 당했고, 그래서 알콜 중독자가 되었고…… 그런 사연이 아니어도 된다는 것이다. "그렇게 됐구나"라고 끄덕일 수 있는 설정 위에 '해킹을 재밌어하고, 그렇기 때문에 해킹으로 자신을 뽐낼 수 있는 상황이 되면 물불 안 가리고 일단 들어오는 인물'로 빌드업 되면 이후 그 인물의 선택에 설득될 수 있다.

인물 설계에서는 Who가 아니라 Why에 집중해야 한다. Why를 설득하기 위해 Who에게 주어지는 설정늘이 쌓여서 Who를 완성시키는 것이다. 이 관계를 이해하고 내재화해야 한다.

신인 작가들의 경우 이름, 나이, 고향, 혈액형, 별자리, MBTI, 즐겨 먹는 음식 등의 것으로 인물을 설정하는 경우가 많다. 이런 정보 설정으로 인격이 완성되거나 살아 있는 사람이 되지는 않는다. 그 인물을 설정했을 때 무슨 일을 시킬지는 기획 단계에서 결정되어 있다. 이 미션에 대해서 캐릭터가 진심을 다해 수행할 동력을 어떻게 만들 것인지가 인물 설계의 핵심이다.

(2) Want와 Need

작가가 부여한 미션을 수행하는 인물에게 "왜 이 미션을 수행하느냐?"라고 물었을 때, 그 답 속에는 그 인물의 가치관이 담겨 있다. 그리고 그 가치에 관객이 동의할 수 있어야 한다.

구체화해 보자.

"어떤 여자아이가 납치됐어. 나는 이 아이를 구조하기 원해."

"왜 그러는데?"

"나는 이 아이의 아빠니까."

이 상황에서는 Why에 대해서 더 이상 설명할 필요가 없다. 그러나 "나는 옆집 아저씨거든"이라는 답이 나온다면 충분하지 않다. 맨홀에 빠진 아이를 끌어 올리거나, 교통사고 당한 아이를 병원에 데리고 가는 것은 옆집 아저씨도 충분히 할 수 있는 일이다. 그러나 흉악한 놈들에게 납치되는 강력 범죄 현장을 목격했을 때 내가 쫓아가서 구하겠다고 나선다면 동의를 얻기 어렵다.

"왜 그러는데? 네가 왜? 옆집 아저씨가 왜?"

그러면 부족한 Why를 채워야 한다. 이를 위해 Who에 대한 설정에 설명이 더해진다.

"왜냐하면 나는 사실은 전직 특수 부대원이었는데, 그 일을 하는 동안 내 아내와 아이를 지키지 못했어. 그래서 인생이 피폐해져서 어두운 뒷골목에서 전당포를 하면서 살아가고 있는데 옆집에 사는 아주 어린 아이, 역시 굉장히 불행한 삶을 살고 있는 아이가 나를 마치 아빠처럼, 오빠처럼 계속해서 따랐어. 근데 아이가 내 눈앞에서 납치됐어. 나는 특수 부대 출신이기 때문에 이 나쁜 놈들을 물리치고 이 아이를 구해 낼 수 있어. 그러니까 이 여자아이와 나 사이에 쌓인 서사가 있기 때문에 나는 이 아이가 내 눈앞에서 희생당하는 모습을 보고 싶지 않아."

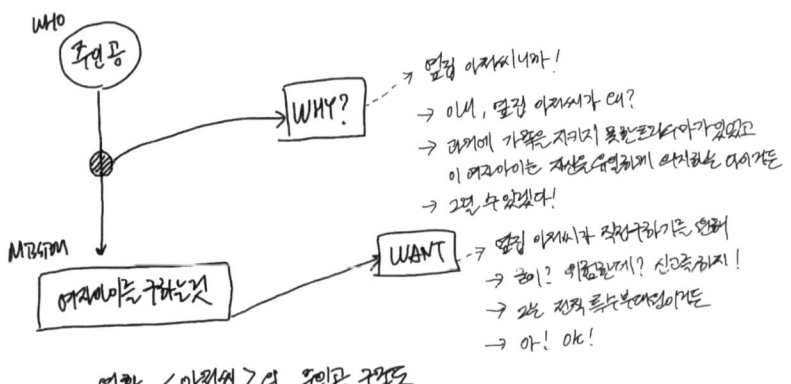

이런 이야기가 있다고 해 보자.

"그리고 나는 원빈이야."

영화 〈아저씨〉의 이야기다.

웃자고 하는 얘기가 아니라 톱스타 혹은 외모가 뛰어난 배우를 기용하는 이유는 Who를 설득하기 좋기 때문이다. 피지컬이 훌륭하거나, 성능 좋은 로봇이라거나, 엄청난 덩치의 괴수라거나 하는 것만으로도 설득이 되는 어떤 지점이 있다.

주인공과 관객 사이에서는 아래와 같은 동의 과정이 이뤄진다.

"나의 전력은 이렇고, 이 여자아이와 쌓인 서사가 이러이러해. 그래서 나는 이 아이를 내가 직접 뛰어들어서 구하기를 원해. 어때?"

"음, 그 정도라고 한다면 너의 Why에 대해서 내가 동의할 수 있을 거 같아. 네가 여자아이를 구하기 위해서 너의 많은 부분을 희생한다고 해도 내가 인정할 수 있겠어. 네가 그럴 만한 가치가 있는 일에 헌신했다고 내가 인정하고 지금부터 너를 응원할게."

Why가 납득되면 주인공이 말도 안 되는 곳에 가서 몸을 굴리고, 고통을 당하고, 상처를 입고, 위기에 빠지는 장면에서 안타까워하면서 "빨리 일어나! 빨리 상황을 벗어나! 빨리 구조해!"라고 응원할 수 있게 된다.

만약 "왜 그러는데?"라는 질문에 인물이 답하지 못한다면 어떻게 될까?

"난 납득할 수 없는데? 니가 굳이 그러지 않아도 되잖아."

이렇게 의문이 생기면서 인물의 진의에 대해 의심하게 된다면 인물이 고난을 당하는 장면을 봐도 안타까운 마음이 들지 않는다.

"그러게 누가 거길 가라 그랬니. 누가 너한테 그 일을 하라고 그랬어. 쟤한테 맡기면 됐잖아. 왜 네가 굳이 가서 고생을 해."

이렇게 이야기에 몰입할 수 없는 상태에 빠지고 만다. 설정만으로 설득할 수 없다면 서사를 추가하고 정서를 쌓아 납득의 게이지를 올려 줘야 한다.

설정과 서사를 통해 Why에 대한 충분한 동의를 얻었다면, 그다음 단계의 행동을 설정하는 데 필요한 요소가 있다.

예를 들어 보자. 아이가 납치된 것을 알게 된 남자가 있다. 그 남자는 목숨 걸고 아이를 구하고자 한다. 왜냐하면 남자는 아이의 아빠이기 때문이다. 충분한 Why이다. 자식을 구하기 위해 일반인이 생각하는 행위는 당연히 '신고'다. 그런데 이 인물이 "내가 직접 가서 구하겠다"라고 나선다면 이해할 수 없다. 인물이 설명한다.

"내 딸이 납치된 곳은 해외야. 해외의 젊은 여성 관광객이 납치된 사건에 현지 경찰들은 쉽게 움직이지 않을 거야. 그리고 나는 전직 특수 부대원이야. 나는 나쁜 놈의 목소리를 들었어. 나쁜 놈이 나에게 도발을 했어. 내가 해외에 나가서 딸을 구하기 위해 움직이면 나를 백업해 줄 수 있는, 충분히 실력 있는 친구들이 있어. 경찰들이 수사를 개시하지 않고 머뭇거리는 동안 내가 날아가서 딸을 구해 내는 게 빨라. 그리고 나는 리암 니슨이야."

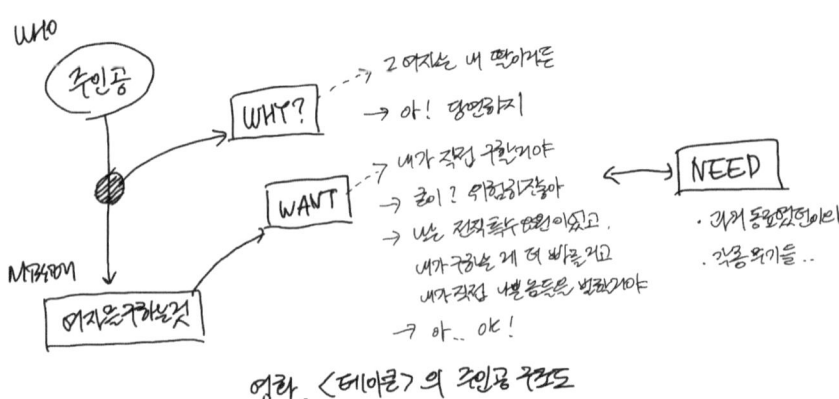

이제 관객은 그가 딸을 구하기 원하는(Want) 것에 대한 이유(Why)가 충분함을 이해했고, 그가 직접 날아가서 딸을 구할 필요(Need)가 있다는 것에도 동의할 수 있게 되었다.

"와, 네가 원하는 것을 위해서 그렇게 움직이는 것, 나는 충분히 동의할 수 있을 거 같아. 지금부터는 네가 그 일을 무사히 완수하기를 응원할게"라고 이야기하는 근거가 되는 것이다.

주인공이 원하는 것, Want와 그것을 이루기 위해 필요로 하는 것 Need 사이에 합이 이뤄지고 관객이 그 합의 적합성에 동의할 수 있어야 한다.

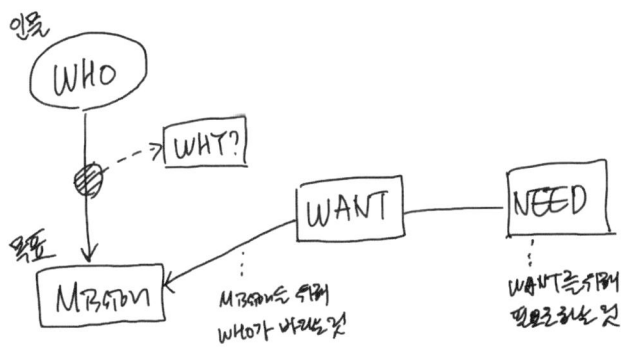

이 동의를 얻기 위해 작가는 끝없이 스스로 질문하고 답하고 검증해야 한다.

"이야기 안에서 보이지 않는 요소들이 질량을 맞추고 있는가? 구조적으로 밸런스를 이루고 있는가? 충분한가? 이 설정으로 납득이 되는가? 10년 전에는 이것으로 납득이 됐는데 지금도 이것으로 납득될 것인가? 그만큼의 이타성에 대해서 공유되는가? 옆집의 아이라고 해서, 나와 그만큼의 라포가 형성됐다고 해서, 나에게 그런 아픈 과거가 있다고 해서 목숨을 걸고 뛰어드는 것에 대해서 그때의 관객들은 납득했는데 지금의 관객들도 납득하는가?"

Want와 Need의 합은, 이야기의 포기 설정에만 필요한 것이 아니다. 이야기 진행에 맞춰 계속 검증돼야 한다.

"나는 어떤 특수한 물질에 중독된 내 여자친구를 구하기를 원해(Want). 그러기 위해서 필요로 하는 것은 해독제가 있는 어떤 기지로 가서 그 약을 얻는 거야(Need)."

이것이 1단계이다.

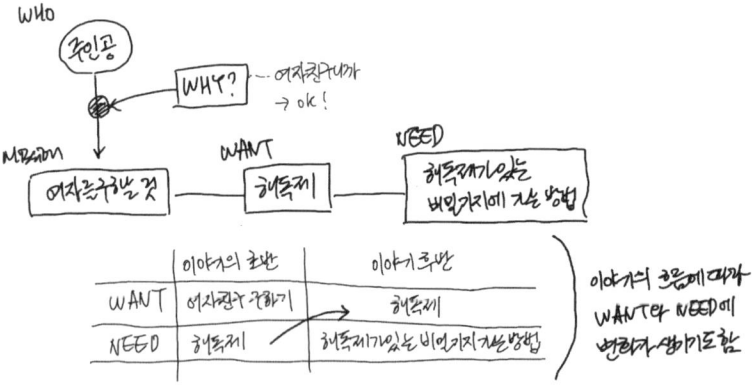

"그런데 해독제가 아무도 모르는 비밀 기지에 있어. 그러면 나를 비밀 기지까지 인도해 줄 누군가를 만나야 돼."

그렇게 되면 해독제가 다시 Want가 되고 비밀 기지로 들어가는 것이 Need가 된다. 비밀 기지로 들어가는 것이 Want가 되고 그 기지를 뚫고 들어갈 위장 신분증이 Need가 될 수도 있다.

이렇게 Want와 Need는 미션 성공까지 몇 단계가 되었든지 각 단계별로 충분한 합을 맞춰 이어진다. 높은 극적 긴장감, 위기, 액션은 최종 미션이 아니라 이 중간 과정에서 펼쳐진다.

그러면 이 Need는 어떻게 선택되어야 할까?

반드시 그것, 하나밖에 없는 것, 어렵고 불가능해 보이는 것이어야 한다. 그래야 관객이 조마조마하면서 쫓아올 수 있다. 난이도 조절에 실패하면 나이브한 이야기가 되거나 과도하게 긴장만 이어지는 이야기가 된다.

흔히 스포츠를 각본 없는 드라마라고 말한다. 이야기의 모든 요소가 담겨 있기 때문이다.

2022년 손흥민 선수가 EPL에서 골든 부츠를 탔다. 마지막 한 게임을 앞두고 살라라는 다른 팀의 선수가 22골을 넣었고, 손흥민 선수가 21골을 넣은 상황이었다. 손흥민 선수가 마지막 게임에 들어갔다. 손흥민 선수가 골든 부츠를 단독으로 타려면 두 골을 더 넣어야 하는 상황인 것이다. 그런데 세계 최고의 리그인 EPL에서 마지막 한 경기에서 두 골을 넣는 것은 너무 어려운 일이다. 팀이 두 골을 넣는 것도 쉽지 않은데 팀 내에서 손흥민 선수가 넣어야 하는 것이다. 모든 팀 선수가 손흥민 선수가 이 상을 타기 원하고 있었다. 물론 같은 팀 동료이기 때문이기도 하지만 시즌 내내 훌륭한 선수였고, 살라 선수는 페널티 킥을 포함해서 22골을 넣었지만 손흥민 선수는 필드 골로만 21골을 넣었는데 겨우 한 골 차로 손흥민 선수가 골든 부츠를 받지 못하는 것을 억울하게 생각한 것이다.

"내가 너무 억울해. Sonny는 너무 훌륭한 내 동료인데! 내 동료가

상을 꼭 탔으면 좋겠어!"

선수단의 Want에 대해서 "왜?"라고 묻는 사람은 아무도 없었다. 미션을 보자.

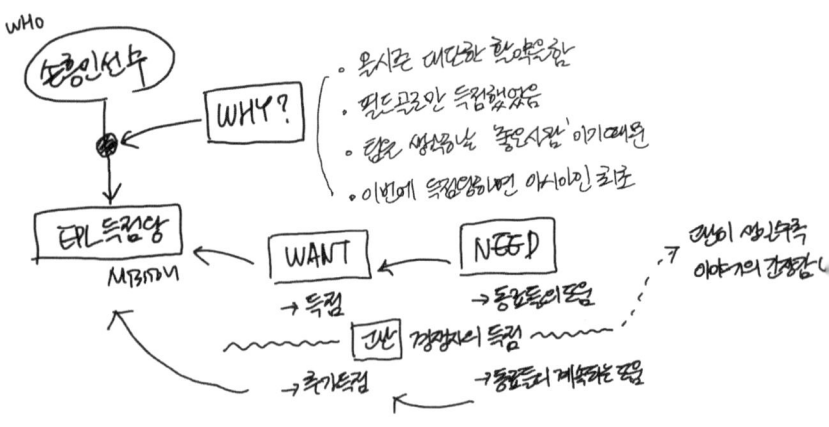

"한국도 아니고, 아시아도 아니고, EPL에서 한국 선수가 최우수선수 상을 탄다고? 골든 부츠를 탄다고? 이게 가능해?"

매우 어렵고, 불가능해 보인다. 이야기적 요소가 잘 갖춰져 있다. 필요로 하는 것은 마지막 경기 손흥민 선수의 두 골이다(Need). 손흥민 선수와 팀 동료들은 이 두 골을 간절히 원하는 상태가 되었다(Want). 필요한 것은 손흥민 선수가 두 골을 넣을 수 있는 찬스다(Need). 선수들은 공을 잡으면 손흥민 선수에게 어시스트를 했다. 자신이 차서 골을 넣을 수 있을 것 같은 상황에서도 손흥민 선수에게 어시스트를 했다. 우리는 같은 한국인으로서 굉장히 뭉클한 마음을 가질 수밖에 없었다. 두 골이라고 하는 Need가 만만했다면 절박함과 뭉클함은 만들어지지 않는다. 파이널 경기였고 한 게임에서 한 선수가 두 골을 넣는다는 것, 이 Need가 어려웠기 때문에 선수들이 이 악물고 어시스트하는 모습을 보는 관객들은 손에 땀을 쥘 수 있었다.

뭔가 다른 방법이, 좀 더 쉬운 길이 있다면 쉬운 길을 놔두고 어려운 길을 택하는 것이 용납되지 않는다. 경기장 안에서 주인공이 스스로 해낼 수밖에 없는 지독하게 힘든 미션, 스포츠가 '드라마'로 불리는 이유다.

여자친구가 독에 중독돼서 해독제(Need)를 필요로 한다. 해독제를 약국에서 살 수 있다면 연구소를 뚫고 들어갈 이유가 없다. 이야기가 드라마틱해지려면 Need는 '마지막 남은 하나의 길'이어야 한다. 여러 길이 있다면 그 가운데 가장 성공 가능성이 높은 길을 택하고, 그랬는데도 성공하기 어려운 상태일 때 드라마가 힘을 갖는다.

Want와 Need가 미션을 이뤄 나가는 데 있어서 적절한 합을 맞추고 있는가, Need가 다시 Want가 되었을 때, 다른 필요가 생겼을 때 이 부분도 합이 정확하게 맞고 있는가, 맞는다고 우기고 있는 것은 아닌가, 이 Need외에 다른 선택지는 없는가 등을 생각해야만 한다.

정글에 가서 생존하는 프로그램 초창기에 노이즈가 생겼던 이유는 그 정글에서 그런 식으로 살 필요가 없다는 것이 알려졌기 때문이다. "충분히 다른 편의 시설이 있고, 그 섬까지 가는데 훨씬 편한 교통수단이 있는데 왜 굳이?"라는 질문이 따른 것이다. 그래서 '인위적이고 조작적'이라는 비난을 받았다. 쉬운 길이 있는데 어려운 길로 돌아가는 모습을 보고 싶지 않은 것이다. 이렇게 합이 잘 맞지 않는 이야기는 콘텐츠가 되어 세상에 나오는 경우가 거의 없어서 예를 들기 쉽지 않지만 있기는 하다.

로봇들이 주인공인 할리우드 영화였다. 마지막 순간, 특정 로봇의 가슴에 에너지물 큐빅 하나를 던져 넣으면 엄청난 전쟁이 끝나는 마지막 미션이었다. 훌륭하게 트레이닝된 군인들이 많이 있는 현장에서 그걸 굳이 주인공에게 주고 해내라고 요구한다. 주인공이 너무너무 힘들게 미션을 수행해서 마지막에 싸움을 끝내고 정리해 영화는 끝났다. 보면서 내내 "왜 저거를 군인이 안 뛰고 굳이 주인공이?"라는 의문이 들 수밖에 없었다.

"굳이 왜?"라는 의문이 드는 순간 이야기의 환상이 깨지고 신뢰가 없어지면서, 관객과 상관없이 등장인물끼리 비장하게 연기하기 시작한다. 그런 장면을 보면 관객은 감정을 느끼지 않고 합당한 해결책을 생각한다.

"그냥 저기 가~. 저기 가서 전화해~. 저기 가서 쟤한테 맡겨~. 너보다 훨씬 잘할 애잖아~."

이야기가 무의미해지는 순간이다.

이야기를 세팅하는 과정에서도 이 부분의 요소들에 대한 점검이 필요하고, 다 만들어진 이야기를 볼 때에도 이 부분이 충족되었는가를 봐야 한다.

어딘가에서 우기고 있는 것은 아닌가, 훨씬 쉬운 길이 있거나 다른 사람에게 맡길 수 있는데, 이 Want의 이 Need는 사실 꼭 필요한 것이 아닌데 미션을 만들기 위해서 우기고 있는 것은 아닌가를 <u>스스로</u> 계속해서 점검해야 한다.

이 기본이 갖추어져야 그다음 단계인 감동으로 갈 수 있다. 기본을 갖추지 못하고 감동을 강요하면 손발이 오그라들거나 보고 싶지 않은 이야기가 된다.

(3) 주제와 주인공

주인공 빌드업에 관해 알아보기 전에 Want와 Need의 합에 대해 복기해 보자.

Want와 Need는 주인공, 적대자, 조력자 등 모든 인물에게 동일하게 적용되는 중요한 요소이다.

드라마 〈빈센조〉로 들어가 보자. 주인공의 설정은 다음과 같다.

> 평화롭고 행복한 삶을 살고 싶어. 그런 삶을 살기 위해서는 많은 돈이 필요한데 나는 아주 많은 금괴가 묻혀 있는 곳을 알고 있고. 그래서 금괴가 묻혀 있는 곳 위에 위치한 상가를 헐어서 금괴를 꺼내야 내가 원하는 이것을 이룰 수 있을 거 같아.

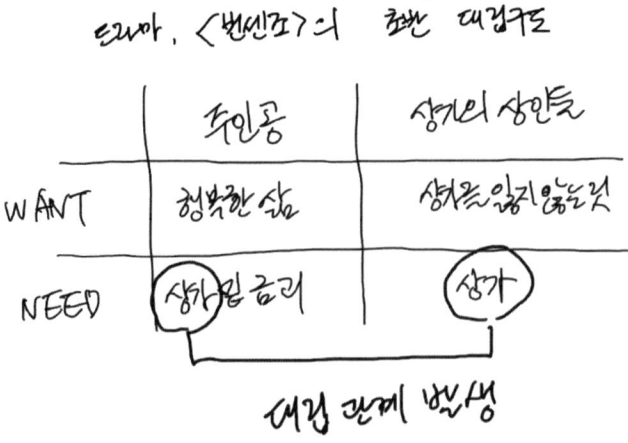

이 상가에는 상인들이 거주하며 영업하고 있다. 상인들에게 이 상가는 삶의 터전이다. 상인들은 살아가기 위해 이 상가를 지켜야 한다.

주인공의 Want(행복한 삶)는 이 상가 아래의 금괴를 Need로 한다. 이 금괴가 Want가 되었을 때 상가 철거가 Need가 된다. 상인들에게 삶은 너무 자연스럽고 당연한 Want이다. 이 상가를 사서 없애고 무너뜨리려는 사람은 상인들에게 악당이다. 갈등 관계가 형성된다.

이 상가를 노리는 또 다른 세력이 등장한다. 이 세력은 상가를 헐고 호화 주상복합 건물을 지으려고 한다. 많은 돈을 벌어 모든 사람 위에 군림하는 존재가 되고 싶기 때문이다. 이렇게 되면 이 상가를 놓고 모든 사람의 이해관계가 얽혀 각자의 Want와 Need가 부딪히게 된다.

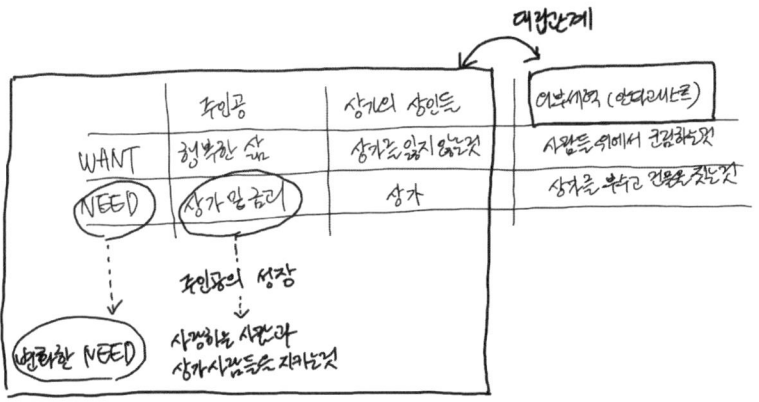

주인공의 Need와 상인들의 Need, 안타고니스트의 Need가 상가라는 구체적인 곳에서 강력하게 부딪친다.

극렬하게 상가를 놓고 부딪쳤는데 이 일을 해 나가면서 나쁜 세력과 부딪히다 보니 주인공의 Need가 변한다. 금괴를 갖는 것보다 여기서 살아가고 있는 이 사람들, 자기가 좋아하게 된 여성 변호사를 포함하여 이 사람들이 안심하고 편안하게 살기를 바라는 마음이 커진다. 나쁜 세력으로부터 협박받거나 쫓겨나지 않고 그들이 삶을 잘 영위하도록 돕는 게 훨씬 행복한 삶이라는 것을 깨닫는다. 근본적인 Want(행복한 삶)는 바뀌지는 않았는데, 더 이상 상가 밑의 돈이 아니라 이들의 안전하고 편안하고 행복한 삶을 원하는 쪽으로 Need가 바뀌게 된 것이다. 이것이 주인공의 성장이다.(주인공의 성장이 아니라 사실이 밝혀지는 것으로 주제가 증명되는 플롯에서는 달라질 수 있다.)

주인공은 Want와 Need가 누구보다도 선명하고, 합의에 있어서 오류가 없고, Why에 대해서 충분하게 인정받아야 한다. 모든 등장인물 가운데서도 주인공에게 가장 높은 수준의 합의가 요구된다. 주인공은 미션에 대해 최선의 노력을 다해 완수함으로써 '작가가 증명하고 싶은 가치가 옳다'는 것을 전달하고 증명해 내야 하는 인물이다. 미션에 대한 열망이 강력해야 한다. 모든 행동에 있어 응축력이 높아야 한다. 모든 사람은 자신의 인생에 주어진 미션에 대해서 거의 비슷한 에너지를 갖고 있지만, 이야기 주인공으로 포커스를 받는 인물의 응축력은 관객에게 보다 정확하고 선명하게 전달되어야 한다.

〈실미도〉로 돌아가 보자.

이 작품의 주제가 '사회적 정체성을 증명하기 위하여 생물학적 목숨을 걸 수 있는 존재, 그것이 사람이다'라고 설명했다. 사회적 정체성이 키워드가 된다. 사회적 정체성을 충분하고 안전하게 누리고 있는 사람이 그에 대해 열망을 가질지, 아니면 사회적 정체성을 스스로 놓아 버린(무정부주의자가 됐다거나 '나는 어디에도 속하고 싶지 않아', '나는 자유인이야', '나는 보헤미안으로 살겠어'라고 생각하는) 사람이 더 강력할지, 아니면 사회적 정체성을 느닷없이 빼앗긴 사람이 더 강력할지를 생각해 보면 답이 쉽게 나온다. 당연히 사회적 정체성을 빼앗긴 사람이 그것을 찾기 위해 더 많은 것을 걸고 뜨겁게 열망할 수 있다.

〈실미도〉의 주제를 잡을 때 나는 연좌제로 인해서 진학이나 취업이 모두 막혀 버린, 사회적 정체성을 아예 가질 수 없는 사람을 주인공으로 설정했다. 이 가치로부터 떨어져 있는 사람, 이 가치를 잃은 사람, 이 가치를 빼앗긴 사람이 주인공으로 들어왔을 때 미션에 더욱 집중할 수 있는 상태가 된다. 그래서 연좌제*라는 설정(그 당시에는 우리나라가 그랬으니까)으로 주인공의 내적 동기를 강화했다.

이것은 사회적 정체성의 회복뿐 아니라 아버지에 대한 감정도 응축시킬 수 있는 설정이었다. 자신을 버리고 북으로 넘어간 아버지에 대한 원망이 있으면 '북으로 파견되는 미션'이라는 영화의 주요 사건에 누구보다 강한 의지를 갖게 된다. 상황이 꼬이고, 북쪽으로 침투하는 것이 불투명해졌을 때 포기하지 않고 "그래도 나는 북으로 가겠습니다"라는 열망을 보일 수 있다.

미션을 수행하고 돌아왔을 때 내가 속한 공동체에서 나의 위치를 인정해 주겠다는 이 약속이 너무나도 중요했던 사람,(배우 설경구 씨가 맡았던) '강인찬'이라는 주인공은 연좌제로 인해 사회 구성원으로서 살아 보지 못한 사람이었다. 이 부분을 보여 주기 위해 프롤로그에 교차 편집으로 보여 준 내용이 있다.

실미도의 684부대가 만들어지는 배경이 된 간첩 김신조 사건이 있다. 김신조가 이끄는 남파 공작원들이 청와대 뒷산까지 접근했다가 체포된 사건이다. 그들이 재판을 받는 상황과 정치 깡패, 그러니까 제대로 배우지 못하고 취업하지 못해서 정치 깡패가 되어 시키는 대로 하고 살아가던 주인공 강인찬이 붙잡혀서 재판을 받는 과정을 대조시켰다.

다음은 〈실미도〉의 시나리오 일부다.

---

* 범죄자의 친족, 친구, 동료, 이웃을 범죄자의 주변인이라는 이유로 함께 처벌하는 제도.

프롤로그

다큐멘터리처럼 거친 입자의 흑백 화면.
밤. 산길을 오르는 남자 수십 명의 농구화 발.
달리는 것은 아니나 엄청난 속도다.
빠르게 올라가던 농구화 발의 선두가 고개의 정상을 디디며 멈추고.
연이어 멈춰지는 뒤쪽의 농구화 발들.
쩌엉— 소리와 함께 남자들을 향해 강렬하게 비춰 오는
서치라이트 불빛.

* * * * * * * * * * * * *

호텔의 화려한 조명.
카메라 내려가면 수많은 화환이 도열해 있는 호텔 입구. 화환에는 국회
의원과 그룹 회장들이 보냈다는 것을 알려 주는 리본이 달려 있다.
호텔로 들어오는 조직원 수십 명. 그 중간쯤, 신문지로 검신을 감싼
칼을 든 20대 초반의 남자(인잔)도 보인다.
화환이 늘어선 길을 따라 당당히 걸어가 정면의 문을 쾅! 열면.
수십 명의 남녀가 약혼식 파티를 벌이다가 놀라 돌아보고.

* * * * * * * * * * * * *

자하문 고개에 대치한 공비들과 군인들.
총격전이 벌어지고.

* * * * * * * * * * * * *

리셉션장으로 난입한 조직원들. 파티 중에 있던 중년의 남녀들을 보호하려 나온 경호원들과 격투가 벌어진다. 경호원들은 짧은 봉을 들고 있고, 조직원들은 대부분 칼을 들고 있다. 잘 훈련된 느낌으로 봉을 휘두르는 경호원들. 무서운 기세로 칼과 야구 방망이를 휘두르는 조직원들.
경호원들의 호위를 받으며 뒷문으로 나가는
일단의 정치인풍 중년들이 보인다.
테이블 위로 뛰어 올라가 마치 나는 듯이 중년들을 향해 달려가는 인찬.
인찬을 제어하기 위해 경호원 몇 명이 달라붙지만
인찬의 단호한 칼 솜씨에 나가떨어지고.
막 문을 나가는 중년의 뒷덜미를 향해 칼을 내리찍으려
뛰어내리는 인찬.
순간 펑펑펑— 약혼식장에 터지는 최루탄.
중년은 도망하고.

* * * * * * * * * * * * *

펑— 펑— 터지는 수류탄.
수류탄의 폭발과 함께 날아가는 공비들의 몸뚱이.
쓰러지면서도 방아쇠를 놓지 않는 공비들.
그들의 총에 쓰러지는 군인들.

* * * * * * * * * * * * *

하얀 연기 사이로 방독면을 쓴 경찰들이 진입하는 것이 보이고.
경찰 몽둥이에 정신없이 쓰러지는 조직원들, 경호원들.
창문을 깨며 밖으로 뛰어내리기 시작하는 조직원들.
인찬도 창을 깨며 밖으로 뛰어내리고.
두세 번 호텔 정원을 구르다가 벌떡 일어나 달리기 시작하는 인찬.

* * * * * * * * * * * *

개머리판으로 공비들을 때려눕히는 군인들.
깔렸던 공비, 조끼에 달린 끈을 잡아당기고.
공비가 폭사하며 덤벼들었던 군인들의 몸뚱이도 함께 날아간다.

* * * * * * * * * * * *

어두운 빌딩 뒷골목을 달려가는 인찬.

* * * * * * * * * * * *

땀을 비 오듯 흘리며 능선을 향해 달려가는 김신조.

* * * * * * * * * * * *

빌딩과 빌딩 사이의 좁은 통로를 벗어나 대로로 접어든 순간
파앙— 하늘을 밝히며 솟아오르는 조명탄.

움찔 놀라며 하늘을 올려다보고 선 인찬.

* * * * * * * * * * * *

달리던 김신조 앞에 불쑥 나타난 군인 하나.
수류탄을 들어 올려 안전핀에 손가락을 거는 김신조.
군인, 조준한 총을 내리지 않고.

* * * * * * * * * * * *

칼을 들고 선 인찬의 좌우에서 총을 겨누며 다가오는 두 명의 경찰.

* * * * * * * * * * * *

수류탄 쥔 손을 늘어뜨린 김신조를 향해 사방에서 총을 겨누며 포위해 들어오는 군인들의 모습이 부감으로 보인다. 그들의 머리 위로도 쉴 새 없이 조명탄이 터지고.

* * * * * * * * * * * *

등 뒤로 수갑이 채워진 채 경찰차 지붕에 머리를 처박히는 인찬.
다시 한번 터지는 조명탄.

* * * * * * * * * * * *

아스팔트 바닥 위로 십여 명의 군인에게 깔려 있는 김신조.
조명탄이 터지면서 화면 화이트 아웃.

* * * * * * * * * * * *

하얀 고무신을 신고 걸어오는 발.
카메라가 천천히 올라가면 재판정으로 들어서는 인찬이다.

* * * * * * * * * * * *

기자 회견장에 들어와 자리에 앉는 김신조.

* * * * * * * * * * * *

재판장에 선
인찬 (화면 가득 CU된 얼굴에 표정 없이) 강인찬입니다.

* * * * * * * * * * * *

기자들을 향해 말하는
김신조 조선민주주의 인민공화국 민족보위부 소속 제124부대 대남특수공작원 김신조입네다.

* * * * * * * * * * * *

포승줄에 묶인 채 말하는

인찬 주소지 없습니다.

* * * * * * * * * * * *

김신조 박정희 모가지 따러 왔수다.

* * * * * * * * * * * *

인찬 (일어서서 재판장을 노려보며 씹어 뱉듯이)
깡패짓 말고 할 수 있는 게, 아무것도 없었습니다.

인찬을 바라본

재판장 강 인찬. 사형.

재판장이 내리치는 의사봉이 화면을 가득 메우며
자막…… 1968년 1월.
재판장이 두 번째로 내리치는 의사봉이 화면을 다시 한번 가득 메우며
떠오르는 타이틀.

죽을 수도 있는 미션을 맡아 내려온 공작원도 자기가 어디에 소속됐고 무슨 일을 하는 사람인지 말할 수 있는데, 주인공은 소속과 주소도 말하지 못한다. 이 사람이 제안을 받는다.

"이 칼, 나라를 위해 잡을 수 있겠나?"

받을 수밖에 없는 제안이다. 그래서 실미도부대원이 되었는데 극심한 훈련이 이어지고, 말도 안 되는 이유로 동료가 죽어 나간다. 그래도 이 사람은 섬을 빠져나갈 생각이 없다. 탈출할 생각도 없다. 너무나 '그것'이 중요했기 때문이다.

극의 중반, 이들을 북에 침투시키기 위한 작전이 시행되었다가 돌연 취소된다. 북으로 올라갔으면 죽을 수도 있었으니 좋아해야 하는데 강인찬이 외친다.

"못 갑니다. 나 보내 주십시오. 나는 죽어도 가야 합니다!"

주인공이라서가 아니라 그의 욕망이 쌓였기 때문에 자연스러운 행동이 된다. 그는 자기를 관리하는 기간병과 갈등이 벌어져서 싸우다가 갑자기 정신을 차리고는 무릎을 꿇고 빈다.

"저는 꼭 북에 가야 됩니다"

어머니가 어떻게 되었고, 이후에 자신이 어떤 마음으로 살아왔는지를 이야기하는 과정을 통해 그가 지닌 미션에 대한 열망이 계속해서 관객에게 전달된다. 이것이 주인공의 위치다.

"당신의 Why에 대해 동의합니다. 당신이 그걸 원하는 것에 대해서 내가 이해합니다. 당신이 원하는 것을 이루기 위해서 이것이 필요하다고 이야기했는데, 내 생각도 그렇습니다. 그러므로 당신이 행동할 때 나는 응원하겠습니다."

이것이 관객과 주인공이 만나 쌓아 가야 하는 서사의 빌딩이다.

모든 등장인물이 주제에 맞춰서 설정되어야 하지만(안타고니스트는 반주제에 맞춰), 주인공은 특별히 주제에 강력하게 묶여 있는 편이 바람직하다.

(4) 프로타고니스트와 안타고니스트

주인공과 적대자, 프로타고니스트와 안타고니스트가 Who에서 갈리는 경우는 그렇게 흔하지 않지만 분명히 존재한다. 이순신과 안중근은 한국 콘텐츠에서 프로타고니스트고, 도요토미 히데요시와 이토 히로부미는 확실한 안타고니스트다.

역사 속의 인물들 가운데는 Who 자체로 대립되는 갈등 관계가 있다. 그러나 창작 스토리에서는 그렇지 않은 경우가 대부분이다. 이 일을 왜 하느냐 하는 부분에서 갈라진다. 곤경에 빠진 여성을 헌신적으로 도와주는 남성 1과 역시 헌신적으로 도와주는 남성 2 양쪽이 똑같은 일을 했을 때, 남성1은 곤경으로부터 그 여성을 구해 내기 위해서 그 일을 했다는 Why를 갖고 있고 남성2는 이 여성을 구해 줌으로써 나를 지켜보고 있는 많은 유권자의 표를 얻기 위해서 했다면(나쁘다 좋다를 떠나서) 남성 2의 Why는 주인공답지 않다.

그러니까 무엇을 했느냐보다는 '이 일을 왜 했느냐'라는 지점에서 주인공과 안타고니스트가 갈리는 경우가 많다. 그런데 Why까지 주인공다움을 갖추고서도 안타고니스트가 되는 경우가 있다.

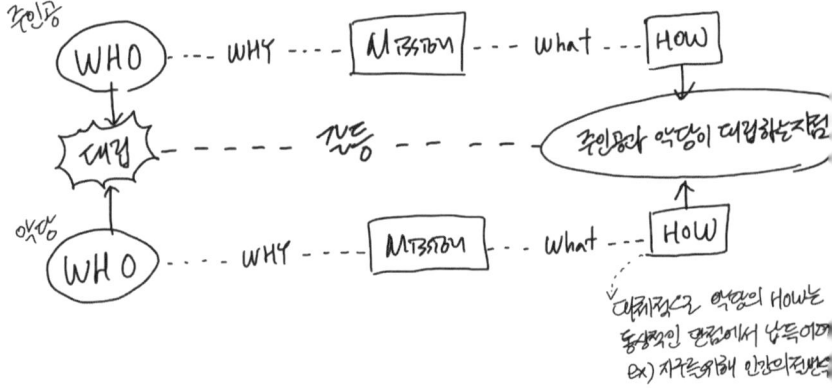

"나는 인류의 존속을 원해. 왜냐하면 인류를 사랑하니까. 인류는 계속해서 나아가야지. 인간이 멸종되면 안 되잖아. 그래서 나는 인류를 구하는 일을 하려고 해."

"나도 인류를 구하는 일을 하려고 해. 인류를 사랑하니까. 하지만 어떤 방법도 발견할 수 없었어. 차라리 인류의 절반을 싹 없애면 지구가 생존할 수 있는 환경으로 정화될 거야."

대중이 그렇게 쉽게 용인할 수 없는 How(어떻게)가 되어 버리면 충분히 안타고니스트 포지션을 가질 수 있다.

프로타고니스트와 안타고니스트는 어딘가에서 부딪친다. Who와 Who로 부딪칠 수 있고, 주인공이 원하는 것을 그가 필요로 하는 부분에서 부딪칠 수도 있다. 그 필연성에 대해서 관객이 충분히 동의할 수 있어야 한다.

"아니야. 그렇게 부딪치지 않아도 되잖아. 너는 저기로 가고 너는 여기로 가면 부딪치지 않고 평화롭게 공존하면서 잘 살아갈 수 있는 방법이 있는데, 왜 굳이 여기 와서 갈등하니."
 이렇게 관객이 해결 방법을 찾아낸다면 이야기는 금세 설득력을 잃는다.

 이 부딪치는 갈등의 양상은 이야기마다 다르다. 부딪치는 각도가 직각이라면 "너는 나쁜 놈, 나는 좋은 놈"이 된다. 이야기는 명쾌하다. "우리 편, 좋은 편, 이겨라"를 할 수 있다.
 그러면 위에서 설명한 안타고니스트와의 갈등 각도는 어떨까? Who도 Why도 납득되는데 How에서 용납하기 어려운 안타고니스트라면 두 인물이 그리는 궤적은 비슷하게 진행되다가 아주 작은 차이를 보인다. 이 경우, 갈등의 폭이 크지 않지만 매력적인 이야기가 될 가능성이 높아진다. 주인공의 딜레마가 깊어질 수 있고, 이 갈등이 좀 더 깊이 있는 이야기로 보일 수 있다. 각각의 장르나 이야기의 성격에 따라서 갈등의 각도를 조절해야 한다.
 또 하나 주의할 것은 매력이다. 프로타고니스트의 Why는 공공적이고, 이타적이고, 많은 사람이 동의할 수 있는 가치를 지키기 위한 행동, 예를 들면 사랑을 위해서, 우정을 위해서, 공동체를 위해서 등의 이타적인 이유 때문이고 안타고니스트의 Why는 이기적이고, 배타적이고, 탐욕적이라는 식으로 배치되는 경우가 있다. 그래서 프로타고니스트와 안타고니스트가 선인과 악인으로 포지셔닝되는 경우가 많은데, 프로타고니스트의 Why가 지나치게 공공적이기만 하다면 (지나치게 좋은 사람이기만 하다면) 인물은 매력적이지 않다.
 마찬가지 이유로 안타고니스트의 Why가 너무 이기적이고, 철없고, 동의하기 어려운 상황이 되면 그냥 죽어 마땅한 나쁜 놈이 되어 안타고니스트에 대해 동정심조차 가질 수 없다. 그의 행동을 납득하기 위해서 관객은 조금의 노력도 하지 않게 되어 그냥 죽어 마땅한 놈이 되어 버린다. 갈등 각도의 문제와 Why가 연결되는 지점이다.

요즘 주인공이 적절히 탐욕적이고, 이기적이고, 거짓말도 할 줄 아는 인물로 설정되는 것은 '매력' 때문이다.

〈공공의 적 2〉의 주인공은 검사다. 영화에서 주인공이 맡은 사건은 쉽거나 단순하지 않아야 한다. 그러니까 주인공이 사학재단의 비리를 추적해 나갈 때 내외부의 압력도 있고, 단서가 사라지고, 쉽게 헤쳐 나가기 어려워 보이는 환경에 놓인다. 이 어려움을 뚫고 나갈 근거는 무엇일까? 검사의 업무가 수사하고 기소하는 것이니, 본래 하는 일이 정의를 구현하는 것이니 끝까지 포기하지 않는다면 설득력을 가질까?

(관객에게는 기억에 남지 않는 설정일 수 있는데) 프롤로그에 주인공과 안타고니스트의 고등학교 시절이 나온다. 같은 학교였다. 안타고니스트는 금수저, 주인공은 흙수저에 가깝다. 안타고니스트가 교활하게 학교의 여론이나 상황을 사시중심적으로 움직이자 주인공은 그의 본성을 꿰뚫어 보고 못마땅해하는 장면이 배치됐다.

오랜 세월이 지나 한 사람은 사학재단의 이사장이 되었고 한 사람은 검사가 되었다. 검사가 된 흙수저가 사학재단 비리의 단초를 얻게 되고, 어린 시절의 기억으로 인해 사학재단 이사장에게 범죄 의지가 있음을 확신한다. 이것이 그가 어려운 환경에서도 수사를 관두지 않는 이유다. 개인적이고 치사한 듯하다. 하지만 이것이 '사회 정의를 구현하는 직업이기 때문에 옳은 일을 한다'보다 설득력 있고, 매력적이다.

　소방관이기 때문에, 경찰이기 때문에, 의사이기 때문에 무조건 희생한다면 주인공으로서의 매력을 보여 줄 수 없다. Why 속에 관객이 감정 이입할 수 있는 개인적이고, 정서적인 이유가 있어야 한다. 안타고니스트도 마찬가지다. 나쁜 것을 알지만 그 일을 하는 이유에 공감의 여지가 남겨져 있어야 한다. 프로타고니스트와 안타고니스트의 대립이 너무 뻔한 상황보다 관객이 "어우, 누구를 응원해야 되지? 어떻게 해야 될까? 결국은 주인공이 이기겠지만, 와! 이건 진짜 이러면 딜레마에 빠질 수 있는 상황인데?"라고 반응한다면 이야기는 더 흥미롭고 긴장감이 높은 상태로 발전한다.

　많은 인물을 세워 나가는 데 있어서 모든 요소는 동일하게 적용된다. 그 가운데 주인공이 주제에 성실하게 복무하면서 안타고니스트가 반주제, 또는 방법에서의 대척점에 든든하게, 납늑 가능한 상대로, 더 큰 에너지로, 주인공이 결코 돌파할 수 없을 것 같은 세력에 위치할 때 이야기는 풍성하고 재미있어진다.

(5) 매력적인 악당

'매력적인 악당'은 이야기를 풍성하게 만든다. 기억할 것은 안타고니스트와 빌런은 같을 수도 있고 같지 않을 수도 있다는 것이다. 안타고니스트가 굳이 악당의 역할을 하지 않아도 된다.

예를 들어 보자. 로맨스물에서 한 여자가 있고 두 명의 남자가 있다. 그러면 결국 맺어지는 여자와 남자가 주인공, 프로타고니스트다. 그러면 이 삼각관계에서 이 여성과 맺어지지 않는 남자가 안타고니스트 역할을 하게 된다. 그런데 이야기에서 악당의 역할은 이 세 명의 관계 외부에 있을 수 있다. 세 사람이 함께 일하고 있는 회사의 악덕 사장이라든가, 이들의 프로젝트를 계속해서 방해하는 옆 팀 팀장 등을 설정해 볼 수 있다. 문제를 발생시키고 계속해서 주인공들과 주변의 인물들을 어려움에 빠트리는 악당이 이 관계의 밖에 존재할 수 있다는 것이다.

안타고니스트와 빌런이 동일 인물일 경우에 이야기는 심플하다. "주인공을 방해하는 인물이 있는데 나쁜 놈"이라면 그 인물만 제거하면 된다. 안타고니스트와 빌런이 다른 인물이라면 이야기가 더 풍성하고 복잡해지면서 조금 더 어른스러운(?) 이야기에 가까워진다. 외부에 빌런이 존재하면, 그로부터 압력이 들어왔을 때 안타고니스트와 프로타고니스트가 갈등 관계임에도 불구하고 협력해야 하는 순간이 오기 때문이다. 프로타고니스트가 안타고니스트와 협력할 수밖에 없는 상황이란 것은 주인공이 딜레마에 빠졌음을 의미하고, 딜레마는 인물과 이야기를 풍성하게 만든다.

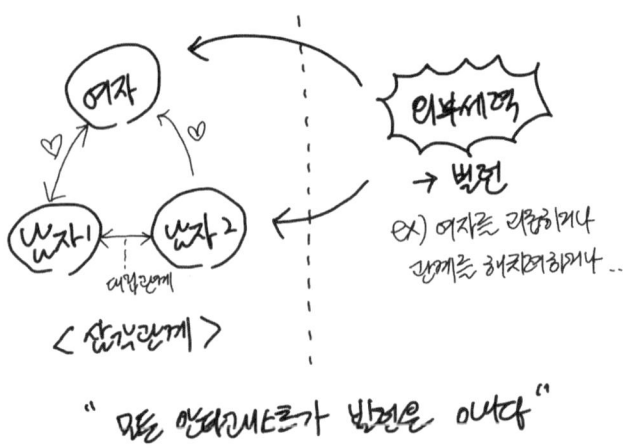

안타고니스트의 Why가 납득 가능할 때 훨씬 매력적인 인물이 된다고 했으나, 그냥 순수 악이어도 된다. 이런 인물이 독특한 분위기의 이야기를 만들어 내기도 한다. 예를 들어 조커 같은 캐릭터라면 안타고니스트일 뿐 아니라 주인공이기도 하다. 또 〈데블스 에드버킷〉에는 안타고니스트이자 악 자체인 존재가 나온다.

하지만 일반적으로는 여러 가지 설정을 통해서 Why가 형성된다.

안타고니스트의 Why를 납득시킬 수 있는 설정이라면 매력적인 악당을 만드는 데 유리하다. 하지만 이런 설정은 양날의 검이기 때문에 조심해서 써야 한다. 도덕적이고 선하고 착한 사람보다는 조금 나쁘고, 조금 더 이기적인 사람이 매력적으로 보이는 경향은 현대로 넘어오면서부터 더욱 강해지고 있다. 캡틴 아메리카보다 아이언맨이 조금 더 인기 있는 이유는, 캡틴 아메리카의 FM 캐릭터가 썩 매력적이지 않기 때문이다. 아이언맨처럼 적당히 선과 악을 넘나드는 캐릭터가 훨씬 매력적으로 보일 수 있다.

안타고니스트가 나쁘긴 하지만 이해되는 캐릭터일 때, 선을 추구하는 주인공이 오히려 지루하고 고리타분한 느낌을 주게 되면 이야기의 밸런스가 깨진다. 어려운 지점이다. 양날의 검은 잘 쓰면 두 배의 효과를 내지만 잘못 쓰면 스스로를 베기도 한다. 안타고니스트의 Why를 어느 레벨에서 맞출 것인가 하는 부분은 끝없이 고민해야 한다.

Why에서 프로타고니스트와 안타고니스트가 갈리는 것이 기본이지만 다른 경우도 존재한다. 주인공에게 이미 마음을 빼앗기고 나면, 관객이 이미 주인공의 편이 되었다면 안타고니스트가 아무리 Why로 옳다 할지라도 주인공에게 응원을 쏟게 된다. 심지어 주인공의 How가 부도덕해도 그것을 들춰내는 안타고니스트를 미워하게 된다.

〈슈츠〉라고 하는 미국 드라마 시리즈의 주인공은 로스쿨을 다니지 않고 변호사 시험을 보지 않아서 사실 정식 변호사 자격증을 갖고 있지 않은 젊은이 마이크다. 여러 상황 때문에 변호사 시험을 못 봤지만 대단한 기억력의 소유자로 모든 법전과 판례를 기억하기 때문에 (변호사에게 기억이라는 부분은 굉장히 큰 경쟁력이니까) 변호사 행세를 하면서 살아가는 데 별문제가 없다. 또 다른 주인공 하비는 마이크가 사기를 쳐서 들어간 로펌의 파트너 변호사다. 하비는 마이크의 비밀을 알면서도 그의 재능이 워낙 좋아서 비밀을 감춰 주며 마이크를 자신의 어시스트로 받는다. 두 사람은 팀으로 일한다.

마이크의 Why는 "부모가 갑자기 사고를 당해서 학업을 계속 이어 갈 수 없었고, 돈이 너무 필요했고, 그래서 친구들의 대리 시험을 쳐 주었다. 나는 변호사가 될 기회를 잃었지만 충분히 변호사로서의 능력이 있고, 변호사의 삶을 꼭 살고 싶다"이다. 개인적이고, 이해될 만하고, 그럴 수 있겠다 싶다. 하비는 "너무 아까운 재능인데 그냥 일할 기회를 주면 좋겠다. 나에게도 도움이 되는 걸 하면서" 정도로 가볍게 받아들인다. 둘은 승승장구하지만, 시즌이 거듭되면서 가짜 삶을 살고 있는 마이크를 추적해 들어오는 검사가 등장한다.

마이크는 정식 자격증을 갖고 있지 않다. 변호사를 사칭했다. 자신의 의뢰인들에게 사기를 쳤다. 마이크가 변호사가 아니라는 게 밝혀지면 그간 승소했던 사건들이 다 뒤집혀 패소할 수 있는 상황이다. 검사는 법정을 모독하고 법의 체계를 무시한 사람이 법을 수호해야 하는 법률가가 된다는 것을 용납할 수 없다는 사회 공통의 정의를 가지고 이 비밀을 밝혀내고자 들어온다. Who는 검사, Want는 "비밀을 밝히고 싶어"이다. Why는 "그것이 사회 정의를 구현하는 일이기 때문"이다. 모순도, 불의도 없다. 검사로서의 업무다. 자신이 일하는 법정에 자격 없는 사람이 들어와서 법정을 농락했다는 사실에 기분이 언짢다는 개인적 감정도 충분히 이해된다(이해되어야 마땅하다). 그럼에도 불구하고 드라마를 보고 있노라면 검사가 자신의 미션에서 실패하고 꺼져 버리기를 바라게 된다. 안타고니스트는 잘못이 없다. 그저 시청자가 이미 주인공들에게 마음을 빼앗겼기 때문이다.

"주인공을 방해하는 사람이니까 나빠. 그냥 패했으면 좋겠어. 너, 저리 가."

매력적인 악당은 재미있다. 사실 주인공이 해야 할 일은 너무 분명하고 선명하다. 돌아갈 수 없고, 변칙을 쓸 수 없다. 안타고니스트는 그에 비해서 훨씬 자유분방하다. 경계해야 할 부분이다.

(6) 고전적인 인물 관계 설정
- 적대자와 조력자

Who와 Want와 Need와 Why, 그리고 프로타고니스트와 안타고니스트가 각 인물에 관한 내용이라면, 이야기에서는 인물 간의 관계도 인물만큼 중요하다.

고전적으로 이야기에서 인물의 관계 변화와 세팅은 컨벤션에 가깝다. 조력자가 안타고니스트가 되고, 안타고니스트가 조력자가 되는 세팅과 변화다.

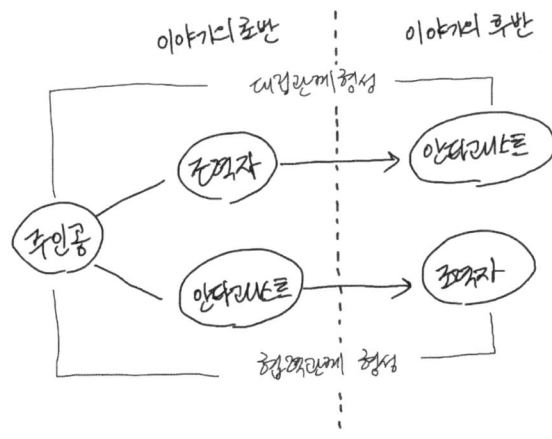

대표적인 예가 애니메이션 〈슈렉〉이다. 늪지에서 혼자 살아가는 슈렉이라는 오거는 어느 날 자신의 늪지를 침범한 캐릭터들, 시끄러운 동키를 포함한 이들로 인해 평화로운 일상이 파괴된다. 슈렉은 이 캐릭터들이 원래 살던 성의 파콰드 영주를 찾아가서 "캐릭터들을 데려가든지 쫓아내 달라"라고 요구한다. 파콰드 영주는 "갇힌 피오나 공주를 구해 오면 내가 이 캐릭터들 문제를 해결해 줄게"라고 조건을 걸고, 슈렉은 피오나 공주를 구하기 위해서 찾아간 성에서 거대한 핑크빛 용을 만나게 된다.

초반에 등장한 동키는 늪지를 침범한 안타고니스트처럼 보였으나 파콰드 영주를 찾아가고 용을 퇴치하는 미션이 진행되며 조력자로 변한다. 파콰드 영주가 캐릭터들을 처리해 준다고 약속했으니 이 인물은 안타고니스트보다는 조력자에 가까워 보인다. 슈렉이 필요로 하는 피오나 공주를 지키겠다고 무지막지한 공격을 해 대는 용이 강력한 안타고니스트로 등장한다. 안타고니스트는 기본적으로 주인공이 넘어서기 어려운 능력을 갖고 있어야 하는데, 첫 등장 장면에서는 용이 바로 그렇게 보인다. 그러니까 피오나 공주가 Want가 되고 그를 위해 용을 해치우는 게 Need가 될 때, 용은 정확하게 안타고니스트의 포지션에 놓인다. 그런데 이야기의 결말에서 용은 조력자가 되고 최종 안타고니스트는 파콰드 영주가 된다.

중간 과정까지 안타고니스트였던 인물이 조력자가 되고, 조력자였던 인물이 안타고니스트가 되는 관계 설정은 여러 장르에서 컨벤셔널하게 쓰이고 있다. 이 기본 구조를 익숙하게 다루는 기술은 매우 유용하다.

〈옷소매 붉은 끝동〉이라는 드라마에서도 비슷한 관계를 볼 수 있다. 여자 주인공 성덕임은 궁에 들어갔을 때 궁녀 가운데 가장 큰 권력을 갖고 있는 제조상궁을 만난다. 그녀는 글씨를 잘 쓰는 성덕임이 궁에서 좀 더 편안하게 지낼 수 있도록 여러 편의를 제공해 주면서 조력자처럼 등장하지만, 나중에 주인공을 이용하고 죽이려고까지 하는 세력의 핵심 인물이 되면서 안타고니스트로서 최후를 맞는다.

처음부터 A가 나쁜 놈, B는 좋은 놈으로 설정되어 그 둘이 끝까지 달리는 이야기는 지루하다. "나쁜 놈인 줄 알았는데 우리 편이었어?" 또는 "우리 편인 줄 알았는데 나쁜 놈이야?"라는 식으로 위치를 바꾸면서, 터닝이 되는 지점에서 긴장감을 한 번 높이고 이야기를 새로운 국면으로 전환시키는 것이 고전적인 인물 관계다.

주인공 옆자리의 조연에 관해서는 포퓰러와 컨벤션 챕터에서 언급했다. 20세기 트렌디 드라마에서 여자 주인공이 품위를 유지하면서도 속마음을 내비칠 수 있는 친구, 비서로서 정보를 전달하고 일을 수행해 나가는 남자 주인공 옆의 조연들이다. 이들은 주인공들보다는(재력, 외모, 실력 등이) 조금은 부족한 캐릭터로 설정되는 경우가 많다. 하지만 어떤 장르에서는 주인공의 어려움을 도와주고, 위기에서 건져 주고, 주인공보다 능력이 좋은 멘토로 조연이 등장하기도 한다. 시대물, 사극, 무협에 흔히 등장하는데, 이들은 주인공 옆에서 그의 능력을 이끌고 보살피면서 조건 없이 주인공을 돕는다. 이들에게도 주인공을 도울 이유가 주어진다. "젊은 시절의 나를 보는 것 같다"든가 "그의 부모에게 내가 신세를 졌다" 등이다.

주인공보다 조금 능력이 떨어지는 그런 친구로서 조력자의 역할을 하든, 주인공보다 탁월한 능력을 가지고 멘토의 역할을 하든 주인공 옆에 이런 인물들을 심어 주는 것은 장편 서사를 이끌어 가는 데 있어 중요하다. 주인공이 자기 이야기를 혼잣말로 할 수 없고, 주인공이 위기에 빠졌다는 정보를 누가 외부 세계에 전달해야 하며, 주인공에게 필요한 것을 적절히 공급하는 등등 이들에게는 역할이 많다. 한편으로 이 인물과 주인공의 갈등이 긴 호흡을 이어 나가는 데 있어 필요한 원동력을 제공해 주기도 한다. 장편 서사라면 주인공을 세팅하면서 동시에 이 인물들에 대해서도 생각하는 편이 좋다. 요즘 많이 나오는 웹 콘텐츠의 경우에는 수호신이라든가 정령 같은 신비한 존재들을 세우기도 한다.

또 하나, 고전적인 인물 관계에서 흑막처럼 보임으로써 관객이나 독자를 혼동시키고 진짜 흑막을 가려 주는 역할을 하는 인물도 있다. 인물들에 대해서 '맥거핀'이라는 표현을 쓰기도 한다. 맥거핀은 회수되지 않은 떡밥, 그러니까 무의미하게 계속해서 긴장을 유발시키는 요소를 말하는데 이는 특별하게 해소되지는 않는다. 〈미션 임파서블 3〉의 '토끼 발'이 이에 해당한다. 끝내 그것이 무엇인지 알 수 없는 것들을 맥거핀이라고 하는데, 이 의미가 확장되면서 진짜 흑막을 가리는 가짜 흑막까지 의미하게 되었다.

중간 단계에서는 그가 진짜 흑막이 아니라는 게 밝혀진다. 흑막과 가짜 흑막의 관계 역시 긴 시리즈를 이어 나가는 데 있어서 상당히 유용하다. 처음부터 흑막을 밝히면 긴 호흡을 가져갈 수 없고, 그렇다고 흑막을 계속 감추면 흥미가 떨어지기 때문이다. 예를 들어 〈해리 포터〉 시리즈의 스네이프 교수 같은 인물은 시리즈 전반부에서는 대단히 큰 흑막인 듯한 역할을 하지만, 중간에 그의 과거사가 밝혀지면서 그가 흑막이 아니라는 것이 드러난다.

이렇듯 작가는 인물 관계를 설정하는데 있어서 처음부터 끝까지 좋은 캐릭터로 활용할지 나쁜 캐릭터로 활용할지, 아니면 여러 번의 관계적 변화를 가지는 캐릭터로 활용할지에 관해 설계할 수 있어야 한다. 특히 여러 시즌을 이어 가는 이야기는 고전적인 인물 구도를 적절하게 응용하며 다양하게 활용하는 것을 확인할 수 있다.

컨벤션 영역 안에서 인물 관계는 이야기를 처음 시작할 때부터 단단하게 세팅되는 것이 좋다. 학생 중에 이야기를 펼치는 게 어렵다는 사람이 있다. 로맨틱코미디를 잘 쓰는 사람인데 정치적인 상황으로 이야기가 커지는 것이 부담된다고 한다. 현실 정치가 아니라 자신이 원하는 것을 위해서 진심을 숨기고 꼭 동의하지 않더라도 결합할 수 있다거나, 좋아하는 사람이라도 등질 수 있다는 식으로 인물 관계가 만들어지고, 그걸 통해서 사건이 심화되어 이야기가 확장되는 것이 부담이 된다는 얘기였다.

이야기를 크게 만드는 것이 힘든 이유는 인물 관계를 설정하는 데 실패했기 때문이다. A와 B가 맺어졌는데 A는 착한 놈, B는 나쁜 놈이라는 식으로 단순하게 관계가 설정되면 이야기가 심화되고 확장될 응축력이 부족하다. 각 인물의 응축력도 중요하고, 관계의 응축력도 중요하다. 친구였다가 배신하고 다시 돌아올 수도 있다. 우리가 살아가는 현실의 관계를 반영하는 것이 이야기라면 인간관계도 가능성과 변화를 담을 수 있어야 한다.

인물 구체화에 대한 팁

인물을 구체화하는 방법에 대해 알아보자.

주제를 잘 전달할 수 있는 인물을 창작할 때 가치관을 포함한 내면적 부분이 설계됐다면 능력, 신체적 특징과 같은 외형적 부분도 설계돼야 한다. 막막할 수도 있으나 인물의 히스토리로 들어가 상상하는 방법이 유용하다.

〈실미도〉에서 소대를 이끌었던 대장(안성기 선생님이 맡으셨던 '최재현')을 예로 들어 보자. 이 인물에 대해서는 이 사람을 대장으로 임명한 사람에 관한 상상으로부터 시작됐다. '내가 중정 김형욱 부장이라면, 사건 사고가 많은 인물들을 통솔해야 하는 특수 부대의 대장을 맡길 인물로 어떤 사람을 선택할 것인가?' 가장 먼저는 부대 창설 목적에 맞아야 하니 북한에 여러 번 침투해 본 사람이어야 했다. 북한에 관한 경험이 있어야 어떤 사람들을 뽑아 어떻게 훈련시켜야 할지 알 수 있을 테니까. 그러면 어떤 체격 조건을 갖고 있을까? 수영을 잘할 수 있는 다부진 몸일 것 같았다. '그런 사람이 과연 음성이 클까? 아니야. 어떤 순간에도 자기 자신의 감정을 함부로 드러내거나 표현하지 않는 사람일 것 같아.' 이렇게 요소별로 가정하고 검증하며 인물을 구체화했다. 영화가 세상에 나온 후 실존 인물들의 증언을 추가로 들을 수 있었는데, 실제로 그분들의 대장이었던 분이 그런 성격을 갖고 계셨다고 한다.

인물에게 부여한 성장 환경, 이야기가 시작되기 전의 시간에 어떤 삶을 살아왔을지 유추해 나가다 보면 여러 특질이 구체화된다. 특히 말투가 상상되면 대사를 쓸 때 큰 도움이 된다.

인물은 집필에 들어가기 전에 구체화되어야 한다. 작가의 머릿속에서 살아 움직이는 사람이어야 캐릭터가 사람답게 반응하고, 사람답게 선택한다. 그러지 않으면 작가의 인위적 조작에 의해 움직이는 인물이 만들어진다. 어떤 속도로 걷고, 무엇을 좋아하고, 어떤 옷을 입고, 어떤 음악을 듣는지 등 가족과 친구에 대해 상상할 수 있듯 이야기 속 인물을 알 수 있어야 한다.

캐스팅하듯 역할에 어울릴 것 같은 배우를 설정하고 상상하는 것도 도움이 된다. 〈실미도〉에서 코믹 릴리프 역할이 있었는데, 감독께서 배우 임원희 씨를 캐스팅한 상태여서 캐릭터 이름을 '원희'로 정하고 집필했다. 어떻게 연기하는지 아는 배우들을 나의 캐릭터 이름으로 잡고 써 나가면 배우들의 움직임이 머릿속에 연상되면서 액션과 대사가 조금씩 구체화된다.

(7) 갈등을 내포하는 인물 관계
- 시대의 가치관 반영

설정부터 갈등이 존재하는 인물 관계가 있다. 가족 관계 안에서 생각해 보면 대표적으로 고부 관계가 있다. 부부, 부모와 자식, 이복 형제자매노 살등의 요소가 된다. 입양아와 입양된 뒤에 태어난 늦둥이도 갈등으로 가기 쉬운 관계다. 사돈, 딸 부잣집의 막내아들과 누나들, 시누이와 올케도 기본적으로는 갈등 관계로 풀기 쉽다.

고부간의 갈등은 오랫동안 쉽게 활용된 갈등 관계다. 장르 이야기는 현실을 반영할 수밖에 없다는 것을 생각해 볼 때 최근 고부만큼 갈등이 내재된 관계를 찾을 수 있다. 장인과 사위, 또는 장모와 사위 관계인 장서 관계다. 가정 내 여성의 지배력이 남성과 대등해지면서 새롭게 떠오른 갈등이다. 비슷한 이유로 이복형제 뿐 아니라 이부동복형제, 즉 아버지가 다르고 어머니가 같은 형제 관계도 심심찮게 등장한다.

가족 안에 이런 갈등이 있다고 한다면, 직업적으로도 기본적인 갈등 관계를 설정할 수 있다. 원청과 하청, 프랜차이즈 브랜드의 본점과 지점에 소속된 인물 간 갈등 등이다. 또 직급이나 직위도 마찬가지다. 오너 집안 구성원과 전문 경영인 사이에도 갈등이 있을 수 있다. 나이 어린 상사와 나이 많은 하급자도 기본적으로 불편한 사이다. 조금 더 구체적으로 기업 안으로 들어가 보면 연구소와 마케팅 부서는 늘 대립과 갈등 관계에 있다. 마케팅 부서는 시장에 대한 이야기를 하고 연구소는 순수한 연구의 결과물로서 좋은 제품인지 아닌지를 고민하는 부서이다 보니 갈등이 있을 수밖에 없다. 아직 미숙한 인턴 의사와 능숙한 간호사 역시 갈등 관계로 가기 쉽다. 또 한의사와 양의사 또는 의사와 약사, 검사와 변호사, PD와 작가, 배우와 매니저도 마찬가지다. 또 팬과 매니저도 충분히 갈등 관계가 있을 수 있고 애초에 퍼스널리티와 상관없이 갈등으로 시작하는, 팬클럽 회장과 그들의 난입을 막아야 하는 방송국 경비 회사의 직원도 있다. 그러니까 '어떻게 만나게 하지? 이 둘의 갈등을 어떻게 시작하지? 갈등을 어떻게 풀어 가야 하지?' 등이 고민될 때, 처음부터 갈등이 내재된 관계에서 시작점을 찾는 것도 하나의 방법이 된다.

  심리적인 대립 관계도 있는데, 대표적인 것이 모차르트와 살리에르의 관계다. 엄청난 노력파와 게으른 천재는 설정이 곧 내인 갈등으로 보일 만한 관계다. 시기와 질투는 강력한 감정이기 때문이다. 또 '웬디스 신드롬'을 가진 사람과 '피터 팬 신드롬'을 가진 사람들이 만난다면, 심리적으로 불균형한 사람들끼리 만난다면 사건이 벌어질 확률이 높다. 또 독립적인 성격과 의존적인 성격도 마찬가지다. "도대체 왜 저런 일도 자기가 혼자 못 하는 거야?"라고 말하는 사람과 "알려 줄 수 있잖아. 동료인데 그것도 못 알려 줘?"라고 말하는 사람 사이에서는 자연스럽게 갈등이 발생한다.

인간관계에 관한 이해는 이야기를 세팅하고, 갈등을 전개해 나갈 때 유용하다. 이걸 상상만으로 창작하기란 어렵다. 살아가면서 부딪히는 인간관계를 관찰하고 메모하기를 추천한다. 요새는 가족이나 직장의 이야기를 익명으로 올리는 게시판이 많다. 생생한 이야기들이다. 어떤 관계에서 어떤 갈등이 만들어지고, 또 그중에서도 어떤 이야기가 확산되는지 파악하는 것도 하나의 방법이 된다.

　아무것도 없는 상태에서 100퍼센트를 창작해 낼 수는 없다. 이야기를 창작하는 사람이나 소비하는 사람이나, 삶의 현장에서 떨어져 나올 수 없다. 현실의 삶을 관찰해 기록하고 정리하는 습관은 좋은 이야기를 써 나갈 수 있는 근거가 된다.

(8) 시간적 배경
- 가치관을 담고 있는 사극의 시간 배경

'시대 배경'은 시대의 가치관을 가지고 오는 것이다. 그보다 작은 개념으로 시간 배경이 있다. 시간 배경은 시대 배경만큼 이야기에 힘을 발휘하지는 않으나 때때로 정서적 영향력을 발휘한다. 하루를 아침 점심 저녁으로 나눌 수도 있지만 세분해 보면 새벽, 아직 해가 뜨기 전인 미명, 일출, 아침, 점심이 되기 전에 뭔가 미묘한 낮으로 향해 가는 오전 시간, 정오, 낮, 해가 져 가는 일몰의 시간이 있을 것이다, 초저녁 시간이 있고, 저녁이 있고, 밤이 있고, 심야가 있다. 사실 시나리오에는 특별하게 지시되지 않는 한 낮 혹은 밤으로만 기재된다. 하지만 정서를 요구하기 위해서 특별한 시간대를 지정할 수도 있다. 해가 뜨는 것을 같이 본다든가, 해가 지는 것을 같이 본다든가, 밤하늘의 별을 봐야 한다는 식의 시간 지시를 통해서 작가가 의도하는 바를 드러낼 수 있기 때문이다.

〈국화꽃 향기〉에서 남자 주인공과 여자 주인공이 여자의 집 대문을 사이에 두고 서로 등을 기댄 채로 밤을 지나 아침을 맞이하는 장면을 썼다. 연출부와 감독님께 상당한 원망을 들었던 장면이다. 매직 아워로 불리는 일출과 일몰은 굉장히 짧아서 한 컷을 담기 위해 하루를 기다려야 할 수도 있다. NG가 나 버리면 하루를 꼬박 기다려야 하기에 한 신을 완성하기 위해 여러 날 촬영을 해야 할 수도 있다. '일출을 함께 본다'의 상징적 의미(두 사람의 정서적 유대감이 깊어짐)가 있다면 이후 이야기에 도움이 되기 때문에 포기할 수 없는 장면이었다.

영상보다 손쉽게 시간 배경을 표현할 수 있는 웹툰, 웹소설, 장르소설에서는 적극적으로 활용하는 것이 좋다.

'날씨'도 극적인 효과를 만들어 낼 수 있다. 천둥 번개가 치는 밤, 너무 강한 바람이 부는 날, 비바람, 폭설도 큰 전환점을 만들 수 있다. 《고백》이라는 일본 만화가 있다. 대학 산악부 동창인 두 사람이 사회인이 된 후, 동네 뒷산처럼 늘 같이 다니던 산을 어떤 경위로 단둘이 올라가게 되었는데 눈보라가 너무 심한 환경에서 이야기가 시작된다. 분명히 근처에 산장이 있다는 걸 알지만 눈이 너무 많이 내려 산장은 보이지 않는다. 설상가상으로 두 사람 중에 체격이 더 좋은 친구가 부상을 입는다. 눈은 몰아치고 기운은 떨어지는데 산장이 보이지 않으니 부상 입은 친구는 자기를 두고 가라고, 자신은 여기서 죽을 것 같다며 유언을 남긴다. 유언이라기보다는 고백이었다. "너의 여자친구는 산에서 사고를 당한 게 아니었어. 내가 죽였어."

그런데 그 순간 거짓말처럼 눈보라가 그치고 눈앞에 산장이 나타나면서 상황이 급격하게 돌변한다. 거의 뒷부분에 나오는 구조대원이나 회상 속에 나오는 과거의 인물들을 제외하고 두 사람만의 이야기로 진행됨에도 불구하고 눈보라 치는 산장에 고립된 상황, 눈보라가 만들어 낸 두 사람의 유대감, 자신의 죄를 고백하고 홀가분해지려던 절체절명의 순간에 눈보라가 그치고, 상황이 반전되면서 벌어지는 심리 싸움을 탁월하게 그린 작품이다. 이런 식으로 급작스러운 날씨 변화는 장치로 충분히 활용될 수 있다.

또 2002년 개봉작인 〈언페이스 풀〉이라는 작품이 있다. 미국 중산층으로 아무 문제 없이 잘 지내고 있는 부부가 있다. 아내는 크리스마스를 맞이하여 다운타운에 간다. 쇼핑을 잔뜩 하고 오는 길에 걸을 수 없을 만큼 바람이 너무 심하게 불어서 살짝 넘어져 무릎을 다친 아내는 지나가던 청년에게 도움을 받고, 그 청년의 제안으로 가까이에 있는 그의 집으로 들어간다. 거기에서 불륜이 시작된다. 이야기 도입부에서 부부 사이에 불만이 없고 자기 삶에 만족하는 여성으로 그려졌기 때문에 그녀가 불륜에 빠진다는 심리적인 변화를 설명해 내기가 쉽지 않을 것 같은 설정이다. 하지만 큰 설명 없이 어마어마하게 부는 바람을 뚫고 지나가려고 했던 그녀와, 그런 그녀를 도와줬던 청년이 바람을 이겨 내고 집까지 무사히 들어왔을 때 두 사람 사이에 형성된 공감대가 있었기에 연애의 서사를 차곡차곡 쌓아 간 것이 아님에도 불구하고 두 사람의 육체가 순간적으로 불붙는 상황이 설득력을 가졌던 작품으로 기억한다.

시간 혹은 계절 배경 가운데 서사에 전환점을 주는 요소를 활용하는 아이디어를 정리해 두면 활용도가 높을 것이다.

우리나라는 콘텐츠로 풀어낼 수 있는 시대 배경이 무한대에 가까울 만큼 긴 역사를 갖고 있다. 조선 시대가 가장 많이 다뤄지지만 고려 시대, 삼국 시대, 고조선 시대까지 역사, 야사, 설화 속에 이야깃거리가 풍부하다. 우리나라도 판타지 이야기가 조금씩 대중적 인기를 얻어 가고 있어서 더 먼 역사까지 자유롭게 담아낼 기회가 많아질 것이다.

 기억할 것은 '그 시대를 갖고 온다'는 것이 '그 시대를 재현한다'는 것은 아니라는 사실이다. 그러면 왜 굳이 더 많은 미술 비용을 들이고 고증까지 해야 하는 시대물일까? 현대물은 PPL도 가능하고, 로케이션 세트를 지을 필요도 없고, 의상 협찬을 받기도 용이하다.

 그럼에도 불구하고 시대물을 통해 시대를 가지고 오는 이유는 그 시대를 빌어서 지금의 우리가 듣고 싶은 이야기를 할 수 있기 때문이다. 현재의 시간을 배경으로는 이야기할 수 없는 지금의 우리에 관한 이야기라는 의미다. 때문에 시대를 고스란히 재현해 내는 것에는 의미가 없다.

 일제 강점기를 배경으로 하는 콘텐츠는 정말 많다. '일제 강점기'는 지금을 살아가는 대한민국의 국민이 공유하는 감정이 있는 시대이고 아직도 해결해야 할 숙제가 남아 있는, 공동체가 동일하게 갖고 있는 트라우마의 영역이기도 하다. 때문에 이 부분을 치유할 수 있는 콘텐츠를 만든다는 것은 기본적으로 호응받을 요소가 있다. 드라마틱한 사연들도 워낙 많고 아직도 발굴되지 않은 독립 운동가들의 이야기가 많다 보니, 상낭히 많은 사람이(오랜 기간 공모전의 절반 정도가 일제강점기를 배경으로 하는 이야기일 만큼) 즐겨 찾는 시대 배경이다.

 그런데 1950~1960년대에 일제 강점기를 바라보던 시각과 21세기 대한민국에서 일제 강점기를 바라보는 시각이 같을까? 같을 수 없다. 1950년대, 광복 이후 10년도 채 지나지 않은 시기에 일제 강점기를 배경으로 하는 이야기가 다뤄야 할 것과 경제적으로 일본을 넘어서기 시작한 21세기에 다룰 이야기는 다르다. "역사를 이제 이렇게 보자"라는 작가의 관점으로 일제 강점기가 해석되어 돌아와야 한다.

일제 식민 지배 시절의 총독부 감시 체계는 모든 계층의 사람을 어떤 식으로든 억압하고 있었다. 통제받으며 원하지 않는 일을 강제로 해야 하는 사람들, 그 와중에도 불평등과 불균형이 극심해 계층이 나뉜 상황에서 나의 시선은 이 시대의 어디를 볼 것인지, 지금 21세기 대한민국에 무엇을 얘기할 것인지를 생각해야 한다. 불평등에 관한 이야기일지, 계층적 이기심에 관한 이야기일지, 열악한 상황에서도 잃지 않는 자긍심일지, 꺾이지 않는 마음일지 등 어떠한 시각도 없이 그냥 일제 강점기로 들어가면 그 시대가 품고 있는 소재가 워낙 강하기 때문에 그것을 스케치해 내는 데 그치기 쉽다.

〈웰컴 투 동막골〉이라는 영화가 있었다. 6.25 전쟁 당시 판타지에 가까운 강원도 산골에 북한군과 국군이 표류하듯 조난당해 함께 들어가게 된다. 미군도 들어간다. 그러니까 당시 시점에서 전쟁 중인 군인들이 모여 마을 사람들이 갖고 있는 순박함, 인간 자체에 관한 존중과 사랑에 점점 동화되어 가는(정말 마법과 동화 같은 이야기였다) 굉장히 좋은 영화였고, 대중적으로도 좋은 평가를 받았다. 그런데 만약 이 영화가 1955년 대한민국에서 개봉했다면 똑같이 좋은 영화가 될 수 있었을까? 전쟁으로 너무 많은 것을 빼앗긴 사람들이 생존해 있는 상황에서 '화해와 용서의 메시지'를 담은 〈웰컴 투 동막골〉을 대중이 받아들일 수 있었을까?

대중문화의 동시대성은 계속해서 생각해야 한다. 〈응답하라〉 시리즈의 경우 20년 전, 25년 전으로 시간 여행을 간다. 그 시대가 갖고 있는 인간관계, 정서, 삶의 모습 속에 지금 상기하고 싶은 것이 존재하기 때문에 대중이 환호하는 것이다.

〈옷소매 붉은 끝동〉은 원작이 정조 대왕과 성덕임에 관해서 가장 성실하게 고증을 거친 작품으로 평가받았다고 한다. 성덕임은 정조 대왕이 후궁이 되기를 두 번이나 청했지만 거절했다가 후에 겨우 받아들인 것으로 역사에 기록돼 있다. 〈옷소매 붉은 끝동〉은 이 역사 기록으로부터 '내가 원하는 삶은 모두가 꿈꾸는 신분 상승에 있지 않다', '내 삶의 주인공은 나'라는 이야기를 하고 있다. 같은 주제를 현대물에서 이야기하는 것보다 강력하다. 조선 시대는 계급 사회이다. 남존여비가 당연한 시대다. 속한 계층에서 벗어나는 것이 지금보다 훨씬 불가능한 시대에 왕의 승은을 입으면 단숨에 신분이 바뀌고 자신이 누리는 모든 것이 바뀜에도 불구하고, 궁에 사는 모든 여성이 꿈꾸는 일임에도 불구하고 그녀는 자기 자리를 지키고자 한다. 멜로 서사가 있지만 주인공은 자신의 방식으로 살아가기 위해 처절하게 투쟁한다.

또 다른 주인공인 정조는 할아버지로부터 어린 목숨을 보존하기 위해서 많은 사건을 겪어야 했던 왕이다. 그럼에도 백성을 향한 애민의 마음, 약자를 바라보는 굳건한 시선을 지키기 위해 타협하지 않는 모습 속에 지금 시대에 우리가 요구하는 리더의 모습이 투영되고 있다. 정조 대왕에 관한 콘텐츠는 많이 있다. 그러나 〈옷소매 붉은 끝동〉이라는 콘텐츠는 그 시대를 소환한 목적이 분명하고 뚜렷하여 돋보인다. 작가가 자신의 주제를 적극적으로 보여 주기에 유효한 시대 배경을 선택한 시대물은 지금 대중이 즐겨 볼 수 있는 동시대적인 콘텐츠로 탄생할 수 있다는 것이다. 그렇지 않다면 재연에 충실할 뿐으로 '우리가 지금 이 옛날이야기를 왜 봐야 하지?'라는 생각을 갖게 만든다.

그렇게 생각해 보면 예를 들어 아일랜드의 역사 속에 있는 중요한 분쟁, 민족 전쟁, 더 오래된 로마 이야기에 대해 '이런 것을 굳이 우리가 왜 봐야 할까?'라는 생각을 하기 쉽다. 소재 자체가 우리에게 그렇게 매력적이지 않을 수 있는 것이다. 그러나 이 시각이 분명하게 들어가 있으면 지금 시대를 살아가는 우리의 시각으로 콘텐츠를 향유하면서 '사람이 사는 곳에는 다 동일한 아픔이 있구나, 역사는 어느 곳에서나 비슷하게 반복됐구나'라고 생각할 수 있다. 또 그 시대, 그 환경에서 가장 옳은 선택을 했던 사람에게 감정 이입을 하면서 그들의 성공을 바라고 응원하게 된다. 그렇게 동시대의 보편적인 정서를 가진 콘텐츠가 되었을 때 시대물은 그 가치를 입증한다.

그래서 시대 배경을 갖고 올 때는 그 시대가 가졌던 사회 규범과 가치 체계, 대중이 가졌던 보편적 정서 등을 잘 학습한 후 그 안에서 가지고 오려는 사건이 그 시대 배경 안에서 어떻게 가치관을 전복시켰는가, 인간 본질의 가치를 중시하는 선택을 하는 주인공들의 이야기가 있는가, 그 이야기가 지금 여기에서 동의를 얻을 수 있을까를 판단해야 한다.

(9) 법칙을 세워야 하는 장르들
- 호러, SF, 판타지의 공간 배경

우리가 지금 살아가고 있는 평범한 직장, 학교, 집, 아파트 단지 같은 곳들을 공간 배경으로 한다면 공간 자체가 이야기 안에서 크게 기능하거나, 메시지를 전달하거나, 이야기의 극적 전환을 이루는 데 사용되지 않는다.

그러나 공간 자체가 메시지를 주거나 극을 이끌어 가는 경우도 있다. 대표적인 장르가 호러다. 호러의 경우 닫힌 공간 안에서 공포가 극대화되는 경우가 있다. 많은 일이 벌어질 수 있는 공간은 극한의 압박감이나 공포를 주지 않는다. 닫힌 공간, 마음대로 제어할 수 없는 공간 안에 갇히는 순간부터 공포감이 극대화가 되는 경우가 많다. 공포감을 목적으로 하는 호러에서는 공간 설계가 큰 몫을 차지하는 경우가 많다. 무섭지만 공간으로부터 벗어날 수 있다면 큰 문제가 안 된다. 벗어나서 멀리 가 버리면 된다. 쫓아오는 악령이 있어도 누군가에게 도움을 청하거나 다른 사람에게 이야기할 수 있는 상태라면 공포가 아니라 그냥 문제일 뿐이다. 그래서 호러물에서는 단절된 공간 안에서 벌어지는 압박감을 즐겨 활용한다.

두 번째 소설 《하우스》에서는 집이 여러 가지로 기능한다. 공간 자체가 비밀을 담고 있고, 공간이 메시지를 전달하며, 나중에는 공간이 공포의 주체가 된다. 그래서 제목이 자연스럽게 《하우스》가 됐는데, 건축을 전공한 감독님이 이 작품을 보고 공간 설계가 보이고, 공간 안에 공간이 숨어 있는 것이 하나하나 밝혀지면서 공포심이 극대화되는 느낌이 좋다고 평하셨다. 호러 장르를 선호하거나 꿈꾸는 분들은 어떤 공간이 그런 감각을 만들 수 있을지 구상하면 작품의 단초로 쓸 수 있다.

한동안 모 투자사에서 공간을 특정해서 아이템을 찾아다닌 적이 있다. "고시원을 배경으로 하는 호러물이 없을까요?"가 질문이었다. '고시원'은 독특한 주거 형태다. 억눌린 자아와 타협해야만 살아갈 수 있는데 타협하고 싶지 않은 상황들, 각각의 사람들이 갖고 있는 서사 자체가 응축력이 높고 찐득한 이야기가 있는 곳이다. 즉 '고시원'은 공간 자체가 주는 응축력이 대단히 높은 곳이다. 그렇기에 고시원을 배경으로 하는 호러 기획은 타당한 기획적 시선이었다.

이렇게 우리 사회가 품은 공간 가운데 드라마를 품고 있는 공간은 어디일까. 인간들의 억눌린 욕망과 억울함을 간직하고 있는 공간은 어디일까를 보는 것도 하나의 기획을 잡아 갈 수 있는 좋은 질문이다.

SF는 공간 배경이 아주 중요한 장르다. SF는 우리가 경험해 보지 못해 기술하기 어려운 공간, 예를 들면 우주, 해저, 시간 여행을 통한 과거, 평행 우주 등 우리가 상상을 통해서만 생각해 볼 수 있는 공간을 배경으로 하기 때문에 공간 자체의 모든 질서를 새롭게 만들어야 한다. 일단 중력이 다르다. 지구와 달의 중력이 다르고 각 행성의 중력이 다를 텐데 그러면 모든 걸음걸이가 다르고, 산소 농도도 다르다. '우리가 이런 우주복의 도움 없이 살아갈 수 있는 행성이 있다'라는 전제로 갈 것이냐, 이걸 벗으면 그냥 바로 죽어 버릴 행성을 배경으로 할 것이냐, 시간 여행을 통해서 과거로 갔을 때 시간의 흐름은 어떻게 될 것이냐, 웜홀에 들어가는 순간 시간의 흐름은 멈출 것인가 더 빨라질 것인가 등등 우리가 기존에 알고 있던 모든 법칙이 제로로 세팅되고, 새로운 질서의 공간을 배경으로 서사를 펼쳐 나가는 것이다.

그렇다고 이 부분을 맘대로 펼쳐 나간다면 SF가 아니라 판타지가 된다. SF, 즉 '사이언스 픽션(Science Fiction)'이 되기 위해서는 지금의 기술 수준(우주 항공 기술, 인공지능 기술, 혹은 감시 체계 등)이 어느 정도에 와 있는지 알고, 그 위에서 앞으로의 발전 방향을 작가가 인지하고 있어야 한다. 물리 법칙 안에서의 확장이어야 한다. 모든 걸 무시하고 마음내로, 누구는 땅에 붙어서 걸을 수 있지만 누구는 경중경중 날아다닐 수 있는 중력이라고 설정하면 '판타지'가 된다. 지구와 중력이 다른 별을 설정할 수는 있지만, 중력이 '그 별에 사는 모든 존재에게 동일하게 적용된다'까지는 지켜져야 한다. 베이스가 되는 과학 지식에 대해 작가가 공부하지 않으면 조롱거리가 될 만한, SF라고 인정받지 못하는 작품 나온다. 그래서 SF 장르를 다루고자 하는 작가들의 경우는 정말 공부를 많이 해야 한다.

신인 작가의 SF 원고 가운데 인공지능이 사람을 넘어서는 수준까지 발전된 배경을 설정하고서 통신은 여전히 핸드폰 디바이스를 이용하고 있는 경우가 많다. 인공지능 쪽으로만 발전시켜 버린 것이다. 그동안 다른 영역은 계속 지금에 머물러 있다는 것인데, 불가능하다. 인공지능의 발달은 브레인에 대한 연구를 바탕으로 하는 것으로, 거기에는 브레인 리딩*과 브레인 라이팅**이 있다. 그것은 사람의 몸에서 일어나는 전기 신호에 대한 분석이 거의 다 이뤄졌다는 의미이고, 그렇다면 인간과 인간의 커뮤니케이션 방식도 달라질 수 있으며 달라져야 한다. 모든 기술이 연결되어 있는데 어느 한쪽만 비약적인 발전을 할 수는 없다.

    SF의 공간을 설계한다는 것, SF의 배경을 설계한다는 것은 지금 우리가 알고 있는 물리, 화학, 생물학의 지식과 발전을 근거로 상상력을 펼쳐 가는 것이다. 그 모든 영역을 같은 수준으로 끌어올려서 세계를 만들어야 하기에 연구와 조사 없이는 접근할 수 없는 영역이다. 우리나라 SF는 2020년을 지나면서 주류 장르에 편입되기 시작했다. 콘텐츠를 창작하는 이들의 성향이 문과적이어서 이과 학문에 대한 기초 지식 없이 창작을 시작하다 보니 따라가기가 쉽지 않다. 이과 지식이 장착된 이들의 경우 창작에 대한 두려움도 있고, 상상 속에서 벌어지는 자기모순을 극복해 나가기도 어려워 기량을 마음껏 펼치지 못한다. 이 두 영역 사이의 밸런스를 갖출 수 있다면 도전해 볼 만한 장르다.

    기후변화는 지구 곳곳에서 많은 문제를 일으키고 있으며, 앞으로 점점 더 많은 문제가 발생할 것이라고 많은 기후학자가 예고하고 있다. 그러면서 예고되는 몇 가지의 현상들이 있다. 대한민국의 기후뿐 아니라 전 지구에 물이 부족하게 되고, 대기 오염이 굉장히 심각해질 것이며, 우리가 쓸 수 있는 자원이 너무 빨리 고갈되어 극심한 추위가 왔을 때 난방을 하지 못할 수 있다는 등의 경고 메시지들이 점점

---

* 뇌가 담당하고 있는 수많은 기능이 랜덤이 아닌 특정 위치 위주로 뇌 안에 분포되어 있다는 현상(김대식, KAIST 교수).
** 자신의 생각을 정리하면서 새로운 아이디어를 발굴하는데 유용한 아이디어 발상법(더_이음).

강력해진다.

　미래 사회를 생각할 때 그런 설정을 생각해 볼 수 있다. '물이 부족하다'는 전제만으로도 사회 모든 분야가 달라진다. 〈고요의 바다〉 같은 경우는 물 부족 상황에서 서사가 시작된다. '물이 부족하다', '물이 부족해질 것이다'라는 전제만으로 그 서사의 틀(물을 확보하기 위한 인간의 노력과 그것을 독점하기 위한 탐욕 등)이 공간 안에 얽혀 서사를 만들어 가는 것이다.

　그래서 미래 사회에 대한 전문 서적에는 재미있는 기술들이 많다. 미래 보고서류의 책에는 잘 알지 못했던 에너지원, 통신 기술, 자율주행에 대한 연구가 어디서 어떻게 진행되는지 비교적 쉽게 설명되어 있다.

　지금을 기초로 더 발전된 기술과 그로 인해 변화하는 현상을 설계할 때 한계를 어디에 둘 것인가를 먼저 생각해 두는 편이 좋다. 핸디캡이 주어져야 하기 때문이다. 시간 여행을 마음대로 할 수 있게 되었다면 얼마의 시간을 거스를 수 있는지, 미래로 가는 것은 가능한지 정해야 한다. 지금보다 편리해진 기술을 누리는 대신 지불해야 하는 대가는 무엇인지를 생각하고 설정해야 이야기가 이야기다워진다. 마냥 모든 것이 좋아지기만 하기란 불가능하다. 자연 법칙이 그렇고, 역사를 통해 이뤄진 기술의 발전은 언제나 그늘을 만들어 왔다.

　〈나는 전설이다〉라는 영화는 "암을 정복했습니다. 이제 인류는 암의 공포로부터 벗어났습니다"라고 선언하는 인터뷰 장면에서 시작한다. 작은 모니터를 통해 그 인터뷰를 보면서 뭔가를 먹고 있는 주인공이 등장한다. 식사를 마친 주인공이 문을 열고 나갔는데 미국의 큰 도시가 정글처럼 변해 있는 장면이 펼쳐진다. 아포칼립스물을 만들 때 왜 세상이 그렇게 망했는가에 관한 설명을 하기 위해서 많은 서사가 필요하다고 생각을 하는데, 이렇게 설명할 수도 있다는 것을 보여 준 신선한 인트로였다. '암을 정복했다. 불치병을 정복했다'는 인류에게 좋은 소식이다. 그런데 과연 좋은 일이었을까? 그로 인해 벌어진 일을 다 설명하지 않았지만, 인터뷰로부터 정글로 변해 버린 대도시로 점프하는 연결이 자연스러웠기에 그 세계를 그냥 받아들일 수 있었다.

시간 여행에 대해서 우리가 지불해야 하는 대가는 무엇인가, 또는 더 깊은 바다로 들어갈 수 있게 되었을 때 바다 밑에서 만나게 될 장벽은 무엇인가 등 한계와 핸디캡을 설정하는 것도 상상의 세계로 진입하는 좋은 방법이다.

SF보다 더 기댈 것 없는 상태로 모든 세상을 창조해야 하는 영역이 판타지다. SF는 지금으로부터 확장된, 발전된 미래를 상상할 수 있지만 판타지는 아예 존재하지 않은, 우리는 한 번도 만나 본 적이 없는 세상을 만들어야 한다. 엘프, 마물처럼 인간이 아닌 종족을 만들어야 할 수도 있다. 작가는 세계의 질서와 생명체를 만드는 창조주 역할을 하게 된다. 고전적인 서양 판타지는 그리스 로마 신화나 성경 세계관을 베이스로 하여 구성된 경우가 많다. 가장 잘 알려진 판타지인 〈반지의 제왕〉 시리즈의 원작 《반지 전쟁》의 작가 톨킨이나 〈나니아 연대기〉의 작가 C.S. 루이스는 기본적으로 성경의 세계관 위에 자신들의 판타지 세계를 설계하고 메시지를 담았다.

설화를 베이스로 한 영역도 있다. 설화가 많은 나라다 보니 일본 판타지는 귀신을 주인공으로 하는, 물건에 담긴 귀신 이야기가 많이 창작되어 있다. 중국에는 독특한 세계관이 있다. 바로 무협 세계관이다. 소림사를 방문한 사람들은 놀란다고 한다. 무협 세계관에서 중원의 중심이 되는 소림사와 소림파는 굉장히 신비로운데 실제 소림사가 너무 현실적이라 괴리감을 느낀다는 것이다. 무협 세계는 존재하지 않았을 것이 분명함에도 불구하고, 우리는 그 세계를 알고 있다. 정파와 사파와 마교로 구분되고 정파 안에는 소림파, 무당파, 아미파, 개방파, 곤륜파 등이 있고 손가락을 튕기는 것만으로 사람을 죽일 수 있는 무술과 경지에 이를 때 환골탈태하고 그 과정에서 주화입마에 빠지기도 하고……. 마치 실존하듯이 굳건하게 구축된 세계관이다.

웹 콘텐츠의 절대적인 편수가 많아지면서 우리나라에서도 판타지 장르가 급부상했다. 로맨틱판타지나 도시무협판타지 등 소재와 결합된 세부 장르가 생기고 있다.

웹에서 수로 창작되는 판타지 장르도 어느 정도 세계관이 만들어져 가고 있다. 예를 들어 '마나'라는 단어는 익숙한 용어가 아니었다. 동양에서 '기(氣)'로 지칭하는 폴리네시아의 개념인데, 마력을 담고 있는 에너지 같은 개념으로 우리나라 웹 콘텐츠 판타지에서 자주 쓰인다.

장르는 이야기 생산자와 수용자라는 두 주체 사이에 이야기가 주어지고, 반응하고, 재생산되고, 소비되는 피드백 사이클에서 생산된다. 지금 웹 콘텐츠를 휩쓸고 있는 판타지도 그와 같은 과정을 거쳐 포뮬러를 만들어 가고 있다. 회귀, 마법사, 마도구, 수호 정령, 정령사 등의 개념에 기대서 갈 수 있다. 컨벤션이 구축되었기 때문이다.

하지만 시대물과 마찬가지로 "왜 현실의 이야기가 아닌 판타지 세계로 들어가야 하는가?"에 대한 답을 가지고 이야기를 설계하는 편이 좋다.

사실 현대물 로맨스 장르에서 남성은 남성대로, 여성은 여성대로 조심스러워진 부분이 있다. 사회적인 포지션과 헤게모니에 관한 긴장감이 있는 현실이다 보니 로맨스를 펼쳐 나가는 데 있어서도 조심스러운 부분이 생긴 것이다. 반면 신분제가 있고 남성의 지위가 여성보다 높은 것이 당연해 보이는 판타지 세계로 들어가서 로맨스를 펼치면, 고전적인 남녀 관계를 만드는 일이 비교적 자유롭다. 옳고 그름의 문제가 아니다.

신데렐라 콤플렉스를 건드리는 현대물은 불편함을 조심해야 한다. 지금 시대가 요구하는 여성상이 있기 때문이다. 그래서인지 판타지 세계 안에서도 여성 주인공들이 검을 쓰고, 남자 주인공들보다 뛰어난 능력을 갖고, 사업을 펼쳐서 신분 사회에서 큰 부를 이루는 캐릭터들이 나오고 있다. 그러니까 판타지 세계로 가는 이유가 분명하고, 그 세계 안에서도 현실에서 보고 싶었던 이야기들을 담아내는 이야기가 되어야 판타지 장르 콘텐츠의 동시대성을, 그 가치를 인정받을 수 있다

웹 콘텐츠는 창작 속도가 빠르고 필요 자본이 상대적으로 적다 보니 소비자가 따라가지 못할 정도로 많은 콘텐츠가 쏟아지고 있다. 그러다 보니 로맨스판타지, 도시무협판타지 장르는 생성된 지 얼마 되지 않았지만 장르의 완숙기에 접어든 것으로 보인다. 장르가 무르익으면 장르는 다른 장르와 결합하며 새로운 길을 모색한다. 장르의 수명에 관한 이야기는 이 책에서 다루지 않겠지만, 원하는 장르에 새롭게 진입하는 작가라면 목표하는 장르가 지금 어느 정도 무르익었는지, 장르의 컨벤션에 소비자가 신선함, 익숙함, 지루함 가운데 무엇을 느끼고 있는지 파악하는 기획적 안목을 가지기를 권한다.

방송 드라마 공간 설정에 관한 팁

  웹툰이나 웹 콘텐츠, 또는 소설을 쓸 때는 장소를 마음껏 설정해도 상관없지만, 방송 드라마의 경우는 신인 작가들이 공간 안배까지 신경 쓰지 못한다. 산업적인 팁이지만 세트를 염두에 두어야 한다. 세트를 몇 개 정도 지을 것이냐 하는 부분이다. 큰 예산을 들여 좋은 세트를 지어 놓고 활용하지 않으면 비효율적인 제작이 되어 버린다. 그래서 메인 공간 개념을 작가가 설정해야 한다. 주인공들에게는 각각 개인 공간이 있어야 한다. 주인공의 정서가 쌓일 수 있는 혼자만의 공간이 필요하다. 그리고 등장인물들이 어쩔 수 없이 모두 얽히게 되는 공간이 필요하다. 동선이 겹칠 수밖에 없는 공간이다. 오며 가며 부딪칠 수밖에 없고, 정보가 전달될 수밖에 없고, 만남을 통해서 갈등이든 화해든 정서적인 사건이 벌어질 수밖에 없는 그런 곳들을 세트로 세워야 한다. 드라마 서사도 가능하면 세트 중심으로 인물이 모이고 얽히는 상황들로 구성되는 편이 좋다. 16부작이나 20부작 드라마보다도 호흡이 더 긴 주말극의 경우에는 특히 메인 공간인 세트 안에 등장인물들이 모두 모이게 된다. 유학을 갔다가 돌아오고, 부상을 입어서 어쩔 수 없이 집에 오게 되고, 사기를 당해 집으로 들어오는 등 등장인물들이 세트 안에서 얽혀서 효율적으로(?) 갈등이 발생할 수 있도록 구성해 주어야 한다.

  로케이션 헌팅도 어려운 작업이다. 특히 지난 코로나 시기에는 장소 섭외가 굉장히 어려웠다고 한다. 작가가 프로덕션에 대한 이해를 갖고 있다면 도움이 된다.

3. 플롯

(1) 플롯은 무엇인가?

'주제', '인물', '플롯'. 이야기에서 이 세 가지 요소는 중요하다.

개인적으로 플롯 짜는 작업을 즐기는 편이다. 구성적으로, 구조적으로 이야기가 맞물려 돌아갈 때 느껴지는 카타르시스가 있다. 기능하지 않거나 의미 없는 신, 조각이 하나도 없는 상태의 이야기를 선호하는데 '미스터리'나 '음모론', '거대 담론을 다루고 있는 이야기'들을 만들 때 이 취향이 큰 힘이 된다.

로맨스물의 경우 플롯이 그렇게까지 조밀할 필요는 없다. 하지만 큰 의미에서는 로맨스물도 두 인물의 서사와 정서가 어떤 식으로 쌓여 가는가, 정서를 빌딩해 나가는 데 있어서의 불필요한 반복은 없는가를 점검할 때 플롯의 전체 구조를 이해하고 내재화하는 작업이 필요하다.

플롯에 대한 고전적 설명부터 들어가 보자.

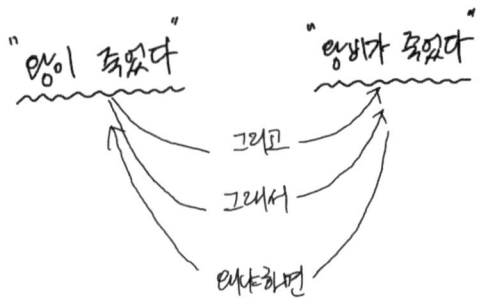

　'왕이 죽었다'는 팩트가 있고, '왕비가 죽었다'는 팩트가 있다. 각각의 팩트다. 그런데 이 두 개의 팩트가 '그리고'로 연결되면 '왕이 죽었다, 그리고 왕비가 죽었다'가 되어 시간의 흐름이 발생한다. '왕이 먼저 죽었구나'라고 이해할 수 있게 되는 것이다. 그런데 만약 이 연결을 '왕이 죽었다, 그래서 왕비가 죽었다'로 연결하면 두 개의 팩트 사이에 인과 관계가 발생한다. 왕이 죽은 것이 원인이 되어서 왕비가 죽었다는 이야기로 이해하게 되는 것이다. 만약 이 팩트의 순서를 뒤집어 왕비가 죽었다가 먼저 나오면 '왕비가 죽었다, 왜냐하면'이 될 것이다. 사건 발생 순서를 뒤집어 '왜냐하면, 왕이 죽었기 때문이나'가 되면 왕의 죽음이 원인이라고 강조하는 형태가 된다. 똑같은 팩트 두 개를 어떻게 연결하느냐에 따라서 전달되는 에너지가 다르고, 메시지가 달라진다.

　플롯을 설명하는 몇 개의 표현이 있다.
　먼저 '시간의 재단'이라는 표현을 생각해 보자. 이 표현을 두고 누군가는 이렇게 말한다. "세상에서 신과 작가만이 시간을 재단할 수 있다." 그 누구도 시간의 흐름을 거스르거나, 시간을 분리시키거나, 시간을 단절시킬 수 없으나 신이 할 수 있고 작가가 할 수 있다는 말이다. 어떤 이야기를 보여 줄 때는 벌어지고 있는 모든 이야기를 다 보여 주지는 않는다. 작가가 중요하다고 생각하는 어느 지점을 위하여 생략하기도 하고, 뒤바꾸기도 하고, 목적에 따라서 시간의 흐름을 마음대로 바꾼다는 것이다. 무엇을 더 길게 보여 줄 수도 있다.

플롯이 아닌 순간의 표현을 생각해 보면 '시간의 재단'을 이해하기 쉽다. 소설에서 음식을 한 입 먹었을 때의 느낌, 갑작스럽게 환기되어 오는 과거의 기억에 관한 서너 페이지에 걸친 묘사, 영상에서 순간의 느낌을 표현하기 위해 거는 길고 느린 슬로모션 등을 생각해 보자. 실제로는 1, 2초 정도의 상황에도 그것을 표현해 내기 위해 얼마든지 시간을 마음껏 길게 쓰기도 한다.

구조 설계에서도 짧은 사건을 길게 보여 주거나, 긴 사선을 압축해서 짧게 보여 줄 수 있다. 생략시킬 수도 있고 붙일 수도 있다. 이것이 플롯의 기본적인 기능이고, 플롯이 이야기를 지배하는 힘이기도 하다.

생략된 부분은 콘텐츠 소비자가 상상으로 채우게 만든다. 웹툰의 남녀 주인공이 드디어 사랑을 확인하고 키스를 한다. 한 화가 끝났다. 댓글이 달린다.

"작가님, 다음 편의 첫 장면이 '쨱쨱'은 아니겠죠."

두 남녀가 하룻밤 보내는 장면을 생략하고, 아침 햇볕이 내리쬐고 새들이 지저귀는 아침 장면으로 시작하지 말아 달라는 것이다. 성인물이 아닌 경우 심의 규정 준수을 위해 긴 밤의 뜨거운 정사 장면을 생략하면, 독자는 상상으로 채운다. 창작된 이야기뿐만이 아니다. TV 오락 프로그램에서도 비슷한 효과를 기대한 편집을 많이 볼 수 있다. 쇼를 이끌어 가고 있는 인물 간에 다툼이 벌어지면 자막이 뜬다. "오해하지 마세요. 진짜로 싸우는 겁니다." 그리고 컷, 바로 거기서 끊는다. 클래식한 음악과 뜬금없는 장면을 보여 주며 "화면 조정 시간입니다. 우리는 평화를 사랑합니다"와 같은 자막을 내보낸 몇 초 후, 아무렇지 않은 척 앉아 있는 출연자들을 보여 준다. 편집의 의도는 '싸웠을 거라고 짐작해 주세요'다. 시청자는 그들이 진짜 싸움을 할 리 없다는 것을 안다. 하지만 '진짜로 싸웠다고 생각해 주세요'를 유도하기 위해 시간을 의도적으로 덜어 낸 것이다. 편집도 플롯이다.

시간의 재단으로 무엇까지 만들 수 있을까? 음악 서바이벌 프로그램에 대해 '악마의 편집'이라는 말을 한다. 맥락 안에서 큰 문제가 없는 말과 행동이었는데 앞뒤에 다른 장면을 붙여, '사람이 매너 없네'라고 생각하도록 만든다는 것이다. 편집이라는 시간의 재단, 즉 플롯은 완전히 다른 메시지처럼 보이게 할 수도 있고, 메시지를 강화시키는 데 힘을 발휘하기도 한다. 좋은 메시지임에도 불구하고 지나치게 루즈하게 구성하면 메시지가 닿지 못할 수도 있다. 플롯의 실패 때문에 이야기가 잘 전달되지 않는 경우도 가능하다는 것이다.

플롯에 대한 표현 두 번째는 '예술적 섭리'다. '섭리'는 '신의 뜻이 있다'는 종교적 용어다. 신의 뜻과 계획 속에서 살아가고 있는 존재에게 '우연히 발생하는 일은 없다'는 것이다. 모든 것은 의미를 지니고, 신의 큰 계획 안에서 하루하루가 지나간다. 작가는 작품 세계를 만드는 존재이기 때문에 그 안에서 신과 같은 지위를 갖고 있다고 생각해 보면 이해할 수 있는 표현이다. 등장인물이 미션을 무사히 마치도록 만들기 위해 그에게 벌어지는 모든 일을 관장하고 인물, 사건, 배경이 다 의미 있도록 위치시키는 것이 플롯이므로 플롯의 행위는 예술적 섭리라는 것이다.

플롯은 중요하고 까다롭다. '지나치게 구조적인 이야기라 올드하다', '너무 꽉 짜인 이야기는 그것을 누리는 향유자가 상상할 여지를 남기지 않고 강압적으로 몰아간다'라는 말은 구조 자체를 부정하는 것처럼 보일 수도 있다. 그러나 구조가 존재하지 않는 이야기는 없다. 조밀한 구조냐 느슨한 구조냐의 차이일 뿐이다.

작가는 이야기 속에 등장하는 모든 사람에 대하여 어느 지점까지 끌고 가겠다는 계획이 있어야 한다. 클라이맥스. 즉 주제의 가치가 증명되는 지점까지 등장인물과 발생하는 모든 사건을 끌고 가면서 불필요하다고 생각하는 건 삭제한다. 보여 줄 필요가 없는 것이다. 아주 작고 사소한 요소까지도 의미를 지닌다. 이것이 영상으로 넘어가면 화면 안에 등장하는 모든 요소가 하나의 메시지를 향하여 집약된, '미장센'이라는 연출 결과물로 나오게 된다.

세 번째 표현은 '시적 건축물'이다. '시'는 서사적인 소설의 문장과 다르다. 영화는 소설보다 시에 가깝다고 한다. 무의미해 보였던 것들이 연결되거나 충돌하면서 전혀 새로운 것이 만들어진다는 점에서 근본적으로 같다는 것이다. A와 B가 결합하여 AB가 되는 것이 아니라 C가 된다. 영화의 몽타주를 설명할 때 많이 쓰는 표현인데, 시의 언어가 이와 같다. '왕이 죽었다'와 '왕비가 죽었다'를 '그리고'로 연결하느냐, '그래서'로 연결하느냐, 뒤집어서 '왜냐하면'으로 연결하느냐에 따라서 전혀 다른 의미를 발생시킬 수 있다는 점을 '시적'이라고 말하는 것이다.

'건축물'은 그보다 실제적이다. 건축물은 아름답게 감상하라고 만드는 조형물이 아니다. 건축도 예술의 한 분야지만 실용적 목적을 갖고 있다. 건물은 사람이 이용해야 한다. 건축물은 목적에 따라 모든 것이 결정된다. 우선 건축물을 이용할 사람들에 대한 이해가 있어야 한다. 놀이동산과 실버타운 건축물은 완전히 다르다. 대중문화 안에서 타깃을 정하고 창작되는 이야기와 같다.

이야기의 조각들이 있고, 이야기를 전달해야 하는 대상이 있다. 건

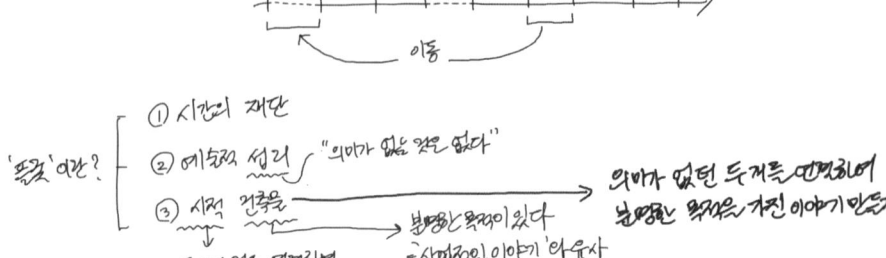

축물을 이용하는 대상을 알아야 하듯, 이야기를 누가 듣고 볼 것인지를 알아야 하는 것이다.

건축을 어떻게 시작할까? 땅이 어느 정도 되고, 쓸 수 있는 자재가 얼마큼이고, 쓸 수 있는 건축 기간은 얼마이고, 방향은 어떻고, 드나드는 문은 몇 개를 만들어야 하고, 메인 통로는 어떻게 내고, 창은 어떻게 내고……. 건축물도 메시지를 갖고 있다. 교회 건축물은 제단과 회중석의 양식에 따라 전달되는 메시지가 다르다고 한다. 건축물에는 시대정신이 담겨 있다고도 한다.

'시적 건축물'이란 의미가 없어 보였던 것들을 연결함으로써 건물에 들어올 사람들이 편리하게 이용하고, 버려지는 곳 없이 잘 쓰

일 건축물을 만드는 것이라고 정리할 수 있겠다. 완성된 건물에 대해 "이 공간은 뭐에 쓰는 건지 모르겠어", "쓰는 데 불편해", "얘는 없는 게 좋겠어"라는 평가가 나온다면 실패작이다. 이야기도 마찬가지다.

    계단은 자체만으로 의미를 가지지 않는다. 계단을 통해 위층과 아래층이 연결되면서 공간이 확장되고, 사람들이 다른 층으로 자유롭게 이동할 수 있게 된다. 계단만으로 무슨 의미가 있겠는가? 계단이 1층과 2층 사이에 놓였을 때 비로소 연결이라는 기능을 수행한다. 이야기 요소도 마찬가지다. 계단과 같은 역할을 하는 장면이 있다. 왜 존재했는지 의아했는데 2층에 올라갈 때가 되고 보니 꼭 필요한 장면이었음을 알게 된다. 어긋난 계단은 위험하고 지나치게 촘촘하거나 가파른 계단은 불편한 것처럼, 제 위치를 찾지 못한 장면은 어색하고, 불필요한 설명이 길어진 장면은 지루하고, 지나치게 생략되면 이해하기가 어렵다.

    이것을 결정해 나가는 것이 플롯이다.

(2) 플롯과 주제

플롯은 두 가지 요소에 의해서 결정된다. 첫 번째는 '장르'다. 하나의 장르는 하나의 포뮬러를 갖고, 플롯은 포뮬러에 속한다. 장르는 '학습된 플롯'을 활용한다. '어디에서 어떻게 들어가고, 어떻게 사건을 만나고, 사건을 해결해 나가는 가운데 어떤 안타고니스트를 만나고, 조력자를 만나고, 그들과 갈등을 빚다가 이런저런 과정을 거쳐 결국은 주인공이 해결해 내고 해피엔딩'과 같은, 이야기 창작자가 아니라 소비자들이 많은 이야기를 접하면서 내재화한 플롯이 있다. 이야기를 쓰려면 이렇게 '학습된' 각 장르의 플롯을 알아야 한다.

한번은 자료 조사를 위해 전문 기관의 공무원을 만났다. 주인공이 그 기관에서 일하는 공무원으로 설정된 기획이었다. 기획 의도를 들은 공무원이 말했다.

"우리 회사를(공무원들은 자기 속해 있는 기관을 회사라고 말한다) 배경으로 하려면 남자 주인공은 여기에 이제 이렇게 해 갖고 맨날 윗사람 들이받고, 뭐 여자 주인공은 밖에 있고 나쁜 놈은 우리 회사를 이렇게 속여 먹는 놈일 거고……."

그분 안에서 드라마가 완성됐다. 드라마를 좋아하는 분이었다. 학습된 플롯에 자신이 몸담고 있는 회사를 대입하니까 이야기가 다 보인다고 했다. 이렇듯 창작이 아니라 소비만으로 플롯을 학습할 수 있다.

장르의 학습된 플롯을 기초로 나만의 플롯을 이끌어 가는 것은 '주제'다. 대중적 이야기는 포맷이나 매체와 상관없이 고래의 등과 비슷한 유선의 플롯 라인을 갖고 있다.

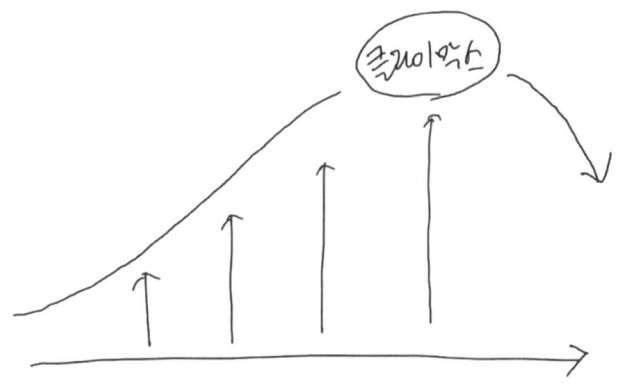

클라이맥스를 향해 상승을 이어가고, 지점을 지나면서 급격하게 마무리된다. 클라이맥스는 큰 사건이 벌어지고, 터지고, 악당은 죽고, 좋은 사람이 이기고, 화려한 액션이 펼쳐지는 지점이 아니다. 주제가 증명되는 지점이다. 일반적으로 큰 사건과 주제 가치가 증명되는 순간이 결합되어 있어서 그렇게 보일 뿐이다. 그래서 주제가 중요하다. 주제가 분명해야 클라이맥스를 잡을 수 있고, 당연한 말이지만 목표점이 정해져야 시작점을 잡을 수 있다.

이야기 시작점에서는 작가가 만들어 놓은 일루전의 세상과 주제를 증명할 주인공을 소개해야 한다. 이런 세계에서 이런 사람이 이런 일을 하게 될 텐데 따라오면 재미있을 거라고, 안심해도 된다고 말하는 것이다. 대중에게 익숙한 세계와 인물이라면 소개는 간단해도 되지만 낯선 세계와 처음 보는 캐릭터라면 소개는 보다 친절해야 한다. 주제에 맞춰 인물, 사건, 배경이 결정된 상태로 플롯 작업이 시작되기 때문에 소개에 얼마큼의 시간과 공간을 할애할지 결정하는 요소 역시 '주제'다.

주인공이 주제를 주장한다고 해서 동의를 얻어 낼 수는 없다. 주인공이 부여받은 미션을 해결해 나가는 과정에서 자연스럽게 주제가 증명되는 것이다. 이야기 소비자는 미션 해결 과정을 흥미진진하게 따라가면서 정서적으로 몰입한 후에 '그래, 네 말이 맞지. 인생 아무리 어려워도 사랑하는 사람 손 붙잡고 다시 힘내서 가는 게 인생이지'라고 메시지와 주제에 동의하게 된다.

시작점에서 클라이맥스 지점으로 단숨에 도약하기란 불가능하다. '공감'을 얻을 만큼 적절한 계단이 놓여야 한다. 미드 포인트, 계기적 사건 등을 잘 설명한 이론서들이 있다. 필요한 부분을 찾아 공부하면 도움이 될 수 있다.

경험에 의해 정리한 방법은 '기둥 세우기'다. 시작점과 클라이맥스 중간에 중요한 기둥이 놓인다. 이야기가 벌어지기 위해 어떤 '정서적 합의'가 이뤄져야 하는지 결정하는 기둥이다. 사건을 위치시키는 것이 아니다. 주인공의 마음은 어떠하고, 이야기 소비자는 그 마음에 대해 어떤 느낌을 갖고 얼마큼 동의해야 클라이맥스까지 올라갈 동력을 얻을 수 있는지 계산해야 한다.

그림을 보면 앞의 사건은 뒤의 사건보다 클 수 없다. 뒤의 사건은 앞의 사건보다 작을 수 없다.

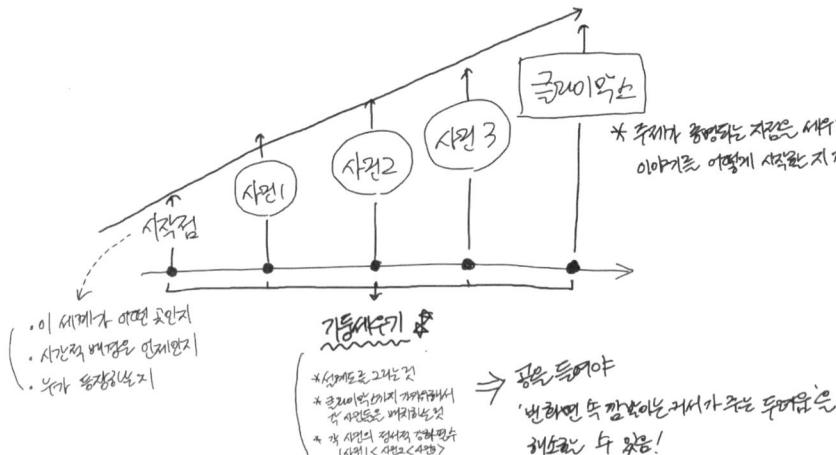

'크다'는 큰 사건이 터지거나 등장인물이 많이 나온다는 뜻이 아니다. 정서적인 울림, 정서적인 반응이 크다는 의미다. 이야기가 진행될수록 공감이 깊어진다는 의미다. 그렇게 설계되도록 짜는 것이 플롯이다. 등장인물의 정서 변화와 이야기 소비자의 정서적 반응에 비약이 없도록 배치한 후, 그것을 이룰 수 있는 사건을 배치하는 것이다. 주인공이 연민을 얻으며 시작할 수도 있고, 궁금증으로 소비자를 끌고 갈 수도 있다. 청춘물이라면 잔잔한 호감으로 시작할 수도 있다. 그러면 연민을 얻기 위해서는 어떤 사건이 필요한지, 궁금증을 위해서는 어떤 사건이 필요한지 결정할 수 있다.

발생 순서로 볼 때, 마지막에 벌어질 사건을 도입부에 위치시키거나 메인플롯과 상관없는 주인공의 어린 시절 속 특정 사건을 보여 주는 것을 결정하는 기준은 어떤 정서로 공감을 이끌어 낼 것이냐에 달려 있다. '기둥 세우기'의 핵심은 사건을 배치시키는 것보다 정서를 설계하는 것이 먼저라는 점이다.

　설계도를 짜는 데 많은 시간을 할애하는 편이다. 설계 도중 구체적인 신, 사건, 대사가 떠오르면 꼼꼼하게 메모를 해 놓은 후 설계도를 펼쳐 놓고 원고를 쓰기 시작한다. 글 쓰는 시간은 길지 않다. 예비 작가들, 학생들에게 "설계도가 끝나지 않았는데 삽 뜨지 말라"라는 얘기를 많이 한다. 클라이맥스까지 딛고 갈 기둥을 세우지 않은 상태로 주인공을 출발시키지 말라는 의미다. 숙련되지 않은 창작자는 도입부에서 사건을 만나기까지 이야기의 상이 잡히면 출발하는 경우가 많다. 작가 지망생들의 컴퓨터에는 수십 개의 폴더가 있다. 제목과 20~30페이지 정도 쓴 원고가 든 폴더들이다.

　설계도도 없이 무엇을 쓰고 싶은지 잘 모르는 상태에서 컴퓨터를 켜고 앉아 있으면 깜빡이든 커서를 보면서 스스로 압박을 받는다. 스스로를 늪에 빠트린다. 쓰고 싶은 것이 흘러넘치거나 써야 할 것이 가득 채워져 있는 상태에서 컴퓨터 앞에 앉아야 한다. 컴퓨터 앞에 앉는 순간에 바로 쓸 수 있는 상태까지 기다려야 한다. 그러지 않으면 쓰는 공포에 질리게 된다. 빈 화면 증후군, 깜빡이는 커서 증후군이라고들 부른다. 그런 상황이 반복되면 글 쓰는 작업이 굉장히 고통스럽고 힘들게 느껴진다. 그러지 않을 수 있다. 설계도 작업을 꼼꼼하고 성실하게 한 뒤에 글쓰기를 시작하면 된다. 주인공이 어떻게 움직여서 목적지까지 무사히 도달할 수 있는지, 디딤돌이 비어 있지 않은 설계도를 만들어야 한다. 모순이 존재하지 않으며 소비자가 이해하지 못할 사건이 없는, 그렇다고 해서 너무 뻔하게 다 들키지 않고

의외성은 남아 있도록 점검을 끝낸 설계도를 완성시키면 책상에 앉는 순간 바로 쓸 수 있다.

　30년 동안 늘 이렇게 작업을 해 왔다. 설계도 작업을 모르는 사람에게는 어마어마하게 짧은 시간에 원고를 쓰는 것으로 보인다. 원고 약속을 못 지킨 적은 없다. 기술적이고 기능적이기 때문에 훈련되면 약속된 시간 안에 쓸 수 있는 상태가 된다.

　설계도는 손으로 그리기를 권한다. 정서의 크기를 원형으로, 힘의 균형과 영향력을 화살표로 그리다 보면 모순이나 충분한 Why가 빌드업되지 않은 부분을 쉽게 발견할 수 있다.

　플롯의 기본형을 알고 있어야 변형할 수 있다. 잘 걷지도 못하면서 댄서가 될 수 없다. 각 장르의 기본 플롯을 확실하게 다룰 수 있도록 훈련해야 한다. 변형은 그 다음이다.

(3) 플롯의 트렌드

플롯이 변형되고 있다. 우선 점점 빨라지고 있다. 120분 영화를 기준으로 1990년대 후반까지는 '주인공이 무엇을 하는 어떤 사람인데, 지금부터 이 일을 하려고 해'라는, 미션을 만나기 전 소개가 15분이라는 것이 통설이었다. 요즘 상업 영화는 시작하고 5분 안에 미션이 소개돼야 한다. 심지어 첫 번째 신, 첫 번째 컷에서 바로 미션으로 들어가는 경우도 있다. 모든 것의 속도가 빨라진 데에는 여러 이유가 있겠지만 우선 콘텐츠가 많아졌고, 그래서 대중에게 학습된 플롯이 이미 많다는 점을 들 수 있다. 주인공급의 배우가 나와서 움직이기 시작하면 '이런 일을 하겠구나'라고 독자나 시청자, 관객이 저 앞으로 먼저 달려 나간다. 소비자가 주인공의 미션을 알아 버렸는데 구구절절 설명하고 있으면 채널이 돌아가거나 재미없다는 리뷰가 바로 올라온다. 관객의 수준을 뒤쫓아 갈 수는 없다 보니 점점 짧아진 것이다. 고전적인 플롯에서라면 반드시 설명하고 넘어갔을 부분이 압축되거나 생략된다. 그럼에도 불구하고 '이 설명을 포기할 수는 없는데?'라고 판단하면 중간 부분의 사건을 먼저 보여 주고 설명을 시작한다.

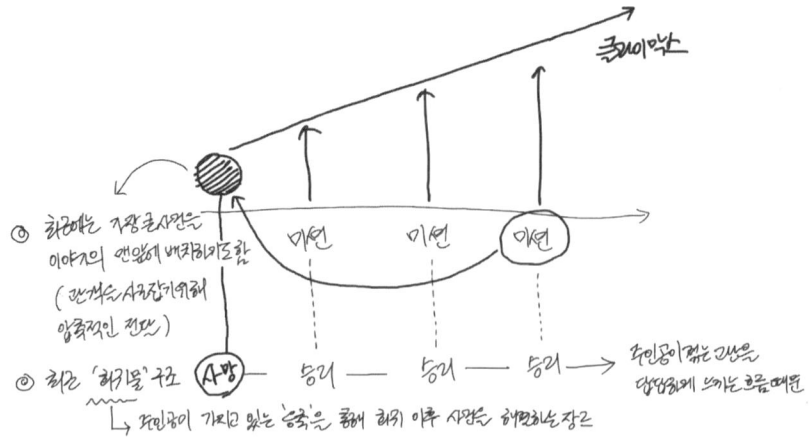

요즘 드라마에서도 자주 쓰는 플롯이다. 흥미로운 사건을 먼저 보여 주고 '3개월 전' 자막과 함께 시간을 되감아 설명을 시작한다. 설명이 조금 길어도 이미 보여 준 장면이 있기에 '거기를 향해서 가는구나, 그런데 그 일이 왜 벌어진 걸까?'라는, 설명을 들어야 하는 목적이 분명해서 설명이 조금 길게 이어져도 견딜 수 있는 호흡이 생긴다.

이야기 콘텐츠뿐 아니라 사회 문화 전반에 걸쳐 '답답함'을 못 견디는 분위기가 플롯이 빨라진 또 하나의 이유다. 다 아는 이야기를 거듭하는 상사를 참기 힘들고, 오늘 주문한 물건은 오늘 받아야 한다. 대중이 '고구마와 사이다'라고 표현하는 응축과 해소에서 고구마는 가능하면 보지 않거나 꼭 봐야 한다면 짧게 본 후 사이다를 빨리 많이, 자주 달라는 요구하는 시대다.

그러면 '언더독'이 성공하는 이야기는 어떻게 풀어야 할까? 기본적으로 응원을 받는 이 이야기에는 주인공이 언더독이기 때문에 겪어야 하는 상황들이 있다. 그 상황에서 주인공은 고난을 겪는다. 고난을 통해서 마음속에는 한이 생기고, 그것이 에너지가 되어서 열심히 노력하고, 그러다가 드디어 자기를 억울하게 만든 안타고니스트나 빌런을 이기고 박수를 받는 것이 고전적 플롯이다. 대중은 이 '고난'을 보고 싶어 하지 않는다. 삶도 고단해 죽겠는데 즐기러 와서까지 자신과 똑같은 처지의 주인공을 보고 싶지 않은 마음도 있다. 당연히 형성되어야 할 응축의 시간을 견뎌 주지 못하는 대중을 붙잡기 위해 해결 지점이 먼저 보이고, 그 응축이 어떤 과정에서 형성된 것인지 보여 주는 플롯이 나왔다. 극단적으로 발전한 것이 환생물, 회귀물이다.

주인공이 고난을 겪는다. 주인공은 결국 죽었다. 그런데 고난을 당하기 전 상황으로 되돌아왔다. 아니면 그런 고난을 겪을 필요가 없는 나쁜 세상으로 벌어졌다. 수인공에게 필요한 진한 응축은 전생에서 끝났다. 진짜 이야기가 시작된 후에는 계속해서 승리만 있다. 주인공에게 응축이 필요한 순간마다 과거의 기억으로 돌아간다. 현재 이야기 소비자가 마음을 준 주인공은 고난받지 않는다. 고통받지 않는다. 억울한 일을 당하지 않는다. 소비자가 마음을 주기 전의, 전생의 주인공이 이미 다 겪었다. 이 학습을 가지고 왔기 때문에 주인공으로서의 응축력은 만들어졌다. 독자나 관객이 응축을 함께 겪어야 할 이유가 없는 것이다. '네가 전생에 겪은 것 때문에 너한테 쌓인 에너지에 올라타서 너의 승리만을 함께 맛보면서 가겠어'라는 마음이다. 환생물이나 회귀물에서 짧은 인트로로 전생을 축약하는 이유다.

이런 플롯이 아니더라도 응축 구간의 속도감이나 압축은 예전의 이야기들에 비해서 대단히 짧다. 〈이태원 클라쓰〉라는 작품은 클래식한 이야기다. 부당한 권력을 불의하게 쓰고 있는 재벌가가 있고, 그 재벌의 횡포로 인해 주인공이 고난을 겪는다. 주인공은 이 안타고니스트의 전문 분야에 뛰어들어 자수성가하고 영광을 얻는다. 1970년대 스토리와 다름없을 만큼 아주 고전적인 작품임에도 불구하고, 21세기에도 큰 반응을 얻었다. 고난의 부분이 압축돼서 속도감이 엄청났기 때문이다. 시청자가 답답해하거나 화내기 전에 상황이 풀리거나 다음 이야기로 넘어가 버린다. 장르가 형성되는 두 주체 사이의 피드백 사이클에는 리듬에 대한 요구도 있고 템포에 대한 요구도 있다. 그 요구에 반응하면서 압축되고 짧아진 것이다.

빠른 게 무조건 좋은가? 좋고 나쁨의 문제는 아니다. 진중한 리듬과 템포가 주는 카타르시스가 있다. 스탠리 큐브릭 감독의 유작 〈아이즈 와이드 셧〉이라는 영화를 보면 진중하다. '손잡이를 돌리고 문을 열고 들어가는 것까지를 굳이 저렇게 다 보여 줄 필요가 있을까?'라는 생각이 들 정도로 요즘 영화의 속도감으로는 견디기 어려울 듯한 리듬을 가진 영화다. 그렇지만 거장이 만들어 낸 호흡이 주는 즐거움이 존재한다. 세밀한 묘사를 통해서 만들어 내는 아주 느린 리듬을 관객이나 독자, 콘텐츠 소비자가 견딜 수 있게 한다면, 진중한 리듬으로도 굉장히 멋진 작품을 만들 수 있다. 〈대부〉 시리즈는 세월이 지나도 사랑받는 영화다. 〈대부〉 시리즈에는 시대적 흐름을 뛰어넘은 흐름과 리듬, 템포가 있다.

작가는 어떤 매체를 통해, 어떤 대중을 향해 작품을 쓰고자 하는지 알아야 한다. 그래야 그 매체와 매체를 즐기는 대중과 같은 호흡을 가져갈 수 있다. 기본이 되는 플롯을 짤 줄 알고 그 위에서 변형된 리듬, 자유로운 템포를 구사하기 위해서는 끝없이 분석하고 노력해야 한다. 볼거리가 너무 많은 세상에서 자신의 드라마, 자신의 영화, 자신의 소설에 조금이라도 더 많은 사람이 조금이라도 더 오래 머무르도록 하기 위한 노력이다.

(4) 심고 거두기

'심고 거두기'란 '복선 설계'를 뜻한다. 미스터리 장르에서 주로 활용되지만 모든 이야기에는 미스터리의 요소가 담겨 있어서 복선은 모든 장르에 필요하다. 'A가 약속한 편지가 오지 않아 기다리던 B는 마음을 접고 헤어졌는데, 사실 A는 과거에 편지를 썼다'라는 것은 로맨스 스토리지만 거기에는 미스터리가 있다. A가 편지를 썼다는 사실을 관객과 등장인물이 다 모르는 상태일 수도 있고, 인물은 아는데 관객은 모르는 상태일 수도 있다. 미스터리에서 팩트가 밝혀졌을 때 '말도 안 돼.'라는 반응이 아니라. '와! 그렇게 된 거구나!'가 되기 위해서는 어딘가에 미묘하게 단서가 심겨야 한다. '사실은 A가 편지를 보냈어'라는 사실이 드러났을 때, 느닷없는 마구잡이 해결책으로 치부되지 않고 '그래서 걔가 그랬구나'라고 끄덕이며 찬찬히 지나간 신을 복기하면서 심겨 있던 복선을 확인하는 순간 콘텐츠 소비자는 감탄하게 된다.

전체 플롯을 관통하는 '심고 거두기'도 있지만 한 신 안에서도 컷을 이용한 '심고 거두기'를 만들 수 있다. 인물이 누군가를 만난다. 그 사람이 매번 말을 바꿔 나를 함정에 빠뜨려서 그 사람의 이야기를 녹음해서 들려주고 나의 억울함을 풀어야 하는 상황이라고 가정해 보자. '핸드폰을 갖고 들어가서 녹음한다'를 관객에게 알려 줄 수도 있지만, 감춰 두었다가 상황이 억울하게 흐를 때 '사실 지금까지 녹음했어'를 보여 줄 수도 있다. 신이 시작될 때 인물이 핸드폰을 갖고 들어가서 테이블 위에 핸드폰을 놓을 때 핸드폰 클로즈업을 한 번 잡아 주는 것으로 '심기'를 할 수 있다. 영화라면 녹음 중인 핸드폰을 들어 보이는 것으로, 드라마라면 조금 더 친절하게 핸드폰을 놓던 장면으로 되돌아가 녹음이 시작된 핸드폰 화면을 보여 주는 것으로 '거두기'를 할 것이다.

심고 거두는 행위는 우연처럼 보였던 사건에 개연성을 부여하는 방법이다. 주인공의 퇴근길, 한적한 골목을 걸어 집으로 가는 모습이 몇 번 보인다. 어느 날, 그 길에서 헤어진 연인을 우연히 만난다. 알고 보니 그 길은 주인공과 옛 연인이 데이트하던 길이고, 주인공이 집으로 가는 길에서 크게 벗어나 돌아가는 길이었다면 그 만남은 우연이 아니다. 주인공이 목적을 갖고 노력한 행위에 대한 대가다. 성실하고 부지런하고 조밀하게 심는 작업을 하고 적절한 타이밍에 거둬들이면 우연이 없는, 탄탄한 이야기가 된다. 전체 플롯에서의 심고 거두기, 시퀀스 안에서의 심고 거두기, 한 신 안에서의 심고 거두기를 거듭 반복하는 게 좋다.

심고 거두기는 미스터리에서 빛을 발한다. 《하우스》라는 작품은 미스터리인데 전체 플롯 안에 두 개의 큰 반전이 있다. 하나는 독자가 쉽게 눈치챌 수 있다. 그래서 두 번째 요소가 필요했다. 첫 번째 반전이 밝혀져 이야기가 이렇게 끝나나 할 때 두 번째 반전이 드러나면서 정서적으로 클라이맥스에 바싹 붙도록 만드는 설정이다. 독자는 읽는 동안 잘 눈치채지 못하지만, 반전이 드러났을 때 다시 돌아보면 발견할 수 있는 '심기'가 열 개 정도 있다. 길지 않은 소설이지만 각 반전을 열 개씩 심었다. 예상치 못한 반전이 툭 튀어나왔을 때, 독자의 예상을 벗어났지만 돌아보니 꼼꼼한 '심기'가 있었다면 카타르시스를 주는 '거두기'가 된다.

    심는 방법은 매체에 따라 조금씩 다르다. 영상 매체의 경우는 영상 언어로 심는 게 효과적이다. 《소실점》 소설에서 서브플롯 안타고니스트는 거의 등장하지 못한다. 문자 언어로 인물을 특정하는 순간, 독자가 모두 알아 버리기 때문이다. 드라마에서는 주인공의 공간을 설명하는 단역처럼 몇 차례 등장시킬 수 있었다. 문자 언어로 표현되는 소설에서의 '심기'는 보다 자연스럽고 교묘해야 한다. 《혐오 살인》이라는 소설에서는 주인공이 나타날 때마다 그를 만나는 사람들의 반응이 묘사된다. 무례해 보일 수도 있고, 위화감이 느껴지기도 하는 반응이다. 소설이 끝나 갈 즈음에야 주인공이 혼혈임이 밝혀진다. 영상에서는 쓸 수 없는 반전이다. 이렇듯 매체별 '심고 거두기' 방법을 이해하고 고민해야 한다.

    '심고 거두기'에서 어떤 깊이로 심는가도 중요하다. 핸드폰으로 녹음하려는데 핸드폰 클로즈 샷이 오래 이어지면 '심기'가 아니다. 강조다. 너무 얕게 심어 재미없는 상황이 되어 버리는 것이다. 너무 깊게 심어 아무도 모른다면 반전을 거두었을 때 어리둥절한 상태가 된다. '심기'의 순간이 보이지 않기 때문에 목적 없는 장면으로 보여 루즈해질 수도 있다.

매체의 속성을 잘 알고 있는 그 장르의 덕후들과 커뮤니케이션하는 콘텐츠와 일반 대중을 대상으로 하는 콘텐츠는 심는 깊이가 다르다. 〈팅커 테일러 솔저 스파이〉는 2011년 영화다. 앉은 자리에서 연속해서 두 번 보기를 권한다. 처음 볼 때는 복선을 파악하기가 굉장히 어렵다. 보편적으로 클로즈 샷이 들어가야 '저기 뭐 있구나' 정도를 기억할 수 있는데, 카메라가 훑듯이 지나간다. 그렇게 지나간 벽에 걸려 있던 그림이 단서라는 것이 뒤에 드러난다. 관객이 다 좇아가지 못할 만큼 굉장히 깊게 심긴 복선이 촘촘히 자리한다. 거두기를 보고 나서, 그래서 심겨진 것이 무엇인지 다 알고 난 후에 두 번째로 영화를 보면 얼마나 멋진 작품인지를 알 수 있다. 대중적으로 큰 인기를 끌지 못한 이유이기도 하다.

'지금 상대하고자 하는 대중이 문화 콘텐츠 안에서 영상 언어를 얼마나 잘 이해하고 있는가' 하는 부분도 깊게 고려해야 한다. 애초부터 1000만 관객을 목표로 하는 영화 기획 있다. 예를 들면 〈국제시장〉 같은 영화다. 처음부터 폭넓은 연령대의 대중을 대상으로 영화가 기획되었을 경우, '심고 거두기' 역시 그 대중성을 염두에 두고 설정해야 한다. 핵심 타깃이 이 문법에 어느 정도 익숙한지, 상호 언어의 수준이 어느 정도 되어 있는지를 파악하고 심는 깊이를 결정해야 하는 것이다. 성실하고 조밀하게 심고 거두기를 해 나가면 완성도가 높아지지만, 지나치면 조악한 이야기가 되어 메인플롯의 흐름을 방해하기도 한다. 심고 거두기의 반전에 치중하면 메인의 플롯 속도를 늦출 수밖에 없기 때문에 흐름이 방해받는다.

대중적인 장르 이야기를 만드는 작업에는 이런 모순적 기준이 많다. 빨라야 한다고 요구하지만 곧바로 너무 빠르다며 외면한다. 그래서 거대한 문화 발전의 방향과 속도를 성실하게 모니터하며 콘텐츠 소비자의 삶을 깊숙이 파악해 나가는, 지치지 않는 태도가 중요하다.

(5) 메인플롯과 서브플롯

메인플롯은 주인공이 미션을 완수하는 플롯이다. 주인공이 클라이맥스 지점을 향해 나가는 사건의 연결이 메인플롯이다.

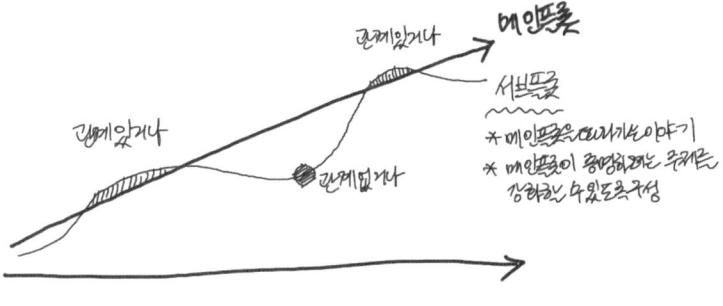

주인공이 해결해 나가는 일이더라도 메인 미션이 아닌 동선이 있다. '사랑을 이루고 결혼'이 메인플롯이라면, '자기를 버리고 간 어머니를 찾아서 어머니와 화해를 이루는 스토리 라인'은 서브플롯이다. 주인공의 여동생이 한 남자와 사랑을 이뤄 나가는 스토리 라인이 있다면 그것도 서브플롯이다. 서브플롯 사건은 메인플롯에 비해 성기게 배치된다. 그러면서도 메인플롯의 흐름 안에서 메인플롯이 증명해 가는 주제적 가치를 강화시키는 역할을 한다. 서브플롯은 메인플롯과 접점을 이루기도 하고, 상관없이 진행되기도 한다.

영화의 경우 서브플롯과 메인플롯의 유기성이 높다. 두 시간 안에 서사가 완결되기 때문에 불필요한 이야기가 생략된다. 메인플롯을 강화시키는 서브플롯만 남기기 때문에 메인플롯과 서브플롯의 거리가 짧고 긴밀하게 엮여 있다.

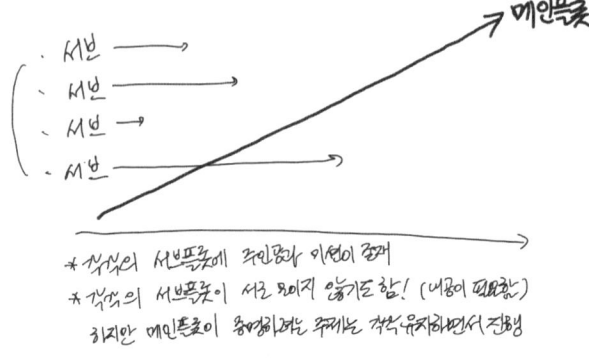

긴 호흡의 드라마에서는 양상이 달라진다. 90년대 트렌디 드라마 컨벤션에서 언급된 주인공과 밀착된 조연들의 서사가 서브플롯이다. 여자 주인공의 친구와 남자 주인공의 비서 간의 로맨스는 주인공들의 서사에 묶이지 않는다. 자체적으로 자신들의 플롯을 이끌고, 자기들끼리 사랑하고, 싸우고, 헤어지고, 다시 만난다. 그 과정에서 두 사람의 갈등이 주인공들의 갈등을 촉발하거나 화해시키는 역할을 하면서 메인플롯과 접점을 갖기도 하지만 대체적으로는 느슨하게 진행된다.

50부작, 100부작, 주말극은 여러 캐릭터의 서브플롯이 독립적으로 각각의 서사 흐름을 가져가야 드라마의 긴 호흡을 감당할 수 있게 된다.

드문 경우이기는 하나 멀티플롯도 있다. 우리나라에서는 장진 감독 초기 작품인 〈기막힌 사내들〉이 있고, 최동훈 감독의 작품도 비슷한 스타일을 보인다. 멀티플롯에서는 등장인물들의 서사가 비슷한 비중으로 다뤄진다. 이들이 하나의 일을 같이하기 위해 모이기 때문에 사건을 해결해 나가는 것이 메인플롯이기는 하지만, 주도해 나가는 인물이 한 명이 아니고 모든 등장인물이 비슷한 비중으로 참여한다. 그래서 메인플롯이 누구의 서사인지 알 수 없다. 각각의 서사가 존재한다. 메인 사건의 해결을 향해 모이지만 결론 역시 제각각 맞이한다. 메인플롯과 서브플롯의 개념보다는 멀티플롯에 가깝다.

멀티플롯은 기술적으로 훈련되어 있어야 쓸 수 있다. 캐릭터가 아주 짧게 보여도 길을 잃지 않고, 메인 사건을 해결해 나가는 데 있어서 긴장감도 놓치지 않아야 한다. 동시에 각자의 서사가 드러내는 정서가 메인 사건에 영향을 끼쳐 변수를 만들기도 한다. 정밀한 조직도 같은 시나리오다.

드라마 〈우리들의 블루스〉는 옴니버스 형식이지만 완전히 별개의 이야기는 아니다. 시간의 흐름을 공유하면서 각각의 사건이 접점을 갖는다. 한 지점을 향해 모이지 않고 각자의 목표점을 향해 진행되는 멀티플롯에 가깝다. 최종화의 최종 신에서 운동회를 통해 모든 등장인물이 한자리에 모이지만 그곳이 목표 지점은 아니다. 자신의 인생을 살아 나가는 사람들의 이야기가 하나의 공통된 주제 아래 펼쳐진 것이다. 각각 조명되는 그들의 삶 사이에 느슨하고 찰나적인 접점이 있을 뿐이다.

등장인물이 많으며 각 이야기에서 각 인물이 다 주인공이고 사건의 성격도 다르기에 많은 이야기를 써 본, 많은 플롯을 다뤄 본 경험이 있을 때 도전할 수 있는 플롯이다.

"제게 재능이 있을까요?"

많이 받는 질문이다. 재능과 노력 가운데 어떤 요소가 전업 작가로서의 삶에 더 필요한가 하는 질문에 대한 나의 대답은 '노력'이다. 재능으로 한두 작품을 멋지게 잘 써낼 수는 있다. 하지만 10년, 20년, 30년 동안 열 개, 스무 개 계속해서 작품을 생산하고 자신의 원고료로 생계를 유지하기 위해서는 노력 없이는 안 된다. 재능이 없는데 노력만으로도 되는가라는 질문에는 오히려 가능성이 있다고 답한다. 재능이 없다고 생각하면서 그 일을 계속한다는 것은 이야기 만들기를 좋아한다는 뜻이다. 좋아하는 것이 첫 번째 재능이다. 좋아하지 않는 일을 열심히 한다고 결과가 나올 수는 없다. 우선은 좋아해야 한다. 이야기를 보고 이야기를 쓰는 것을 좋아해야 노력도 힘들지 않고, 계속해서 갈 수 있다.

특히 '플롯 짜기'는 노력해서 얻을 수 있는 능력이다. 인물에 대해서 기발한 아이디어를 내는 것이나 맛있는 대사 같은 영역은 재치와 재능에 많이 좌우된다. 하지만 플롯은 노력으로 상당 부분을 습득할 수 있다. 학습된 플롯을 누구보다 많이 내재화한 상태로 전체를 바라보고, 즉 숲을 보고 부지런히 숲으로 들어가 나무를 보고 빠져나와서 다시 숲을 보고 또 들어가서 나무를 보는 과정을 끊임없이 반복하며 플롯의 허점을 찾아내고 메꿔 나간다면 그 성실함만으로 도달할 수 있는 경지가 있다.

때로는 완벽하게 짜인 플롯에 돌발 변수가 생기기도 한다. 연출자가 어떤 신을 그냥 넣어 달라고 요구할 때다. 플롯에 맞지 않으니 들어오면 안 되는데 떼를 쓰다시피 그냥 이 장면을 찍고 싶다, 이 장면을 쓰고 싶다고 우기는 경우다. 감각적인 요구다. 허점을 만들고 싶은 느낌, 빡빡하게 조여서 끌고 왔는데 "숨 막혀, 나 그냥 여기다가 숨구멍을 하나 내고 싶어"라는 마음이 드는 것이다. 그런 경우는 수용한다. 모든 게 다 채워지고 논리적으로 앞뒤가 완벽해야만 좋은 플롯은 아니다.

"시나리오에서 한 신도 못 빼겠어. 한 신을 빼면 다 무너져. 와르르 무너져. 자기 말고는 손도 못 댈 시나리오를 만들어 낸단 말이야." 시나리오에 대해 종종 듣는 리뷰다. 스스로 재능이 뛰어나서 이야기를 짓는다고 생각하지 않기 때문에 플롯에 노력을 많이 기울였고, 그것이 작가로서의 장점이자 개성이 되었다. 첫 소설에 대해서도, 이전의 영화 시나리오 작업을 모르는 분에게 비슷한 리뷰를 들었다. "와, 이렇게 구조적인 소설은 진짜 오랜만에 봤다."

스스로를 훌륭하고 멋지고 인생을 강타하는 작품을 쓰는 작가가 아니라 전업 작가로서 일정한 퀄리티의 이야기를 약속된 시간 안에 내놓는 게 굉장히 중요한 덕목이라고 생각한다. 그래서 재능에 대한 생각을 하지 않는다. 생각한다고 없던 재능이 생기지 않으니까. 시간과 노력으로 채울 수 있는 부분에 집중했다. 그 시간이 10년, 20년, 30년 지나다 보니 어떤 기획이나 이야기가 들어와도 첫 번째 미팅에서 얼개를 잡는 데까지 시간이 얼마 걸리지 않는다.

1주일 또는 2주일 동안 긴 시간 고민한 학생들의 원고를 읽어 내려가면서 이야기의 모순과 오류를 발견하는 일이 종종 있다. 그 자리에서 대안을 제시하기도 하는데, 그러면 엄청나게 재능이 있고 천재적인 사람을 보는 듯한 반응들을 보인다. 결코 아니다. 많은 설계도가 종류별로 쌓여 있을 뿐이다. 소재건 로그라인이건 입력되면 어느 설계도에 맞출 수 있는지 찾아내고 매칭을 시키면서 쉽게 빈 곳과 오류를 찾아낼 수 있다. 프로세스가 짧아진 것이다. 훈련을 많이 했기 때문에 시간을 단축하는 법을 알게 된 것뿐이다.

    결코 재능의 영역이 아니다. 시간을 오래 들여 많이 쌓아 두고 집착적으로 노력한 결과일 뿐이다. 자신이 좋아하는 장르가 있다면, 재능에 대해 의심하지 말고 플롯에 대한 공부에 집중하기를 권한다. 그러면 그 나름의 미덕과 장점을 가진 작가로 성장해 갈 수 있지 않을까? 그렇게 생각한다.

4. 감정 이입

(1) 보편적 가치와 정서로 만드는 감정 이입

마법과 같은, 이야기를 재미있게 끌어들이는 요소로서 정서적으로 가장 중요한 것은 '감정 이입'이다.

한번 가정을 해 보자. 이 책을 쓰는 현재 우크라이나 전쟁은 계속되고 있고, 강남역이 물에 잠겼다.(최종 편집에 들어갔을 때 튀르키예와 시리아에 진도 7.8 강진이 덮쳐 4만 명 이상이 사망했다.) 큰 뉴스들이 연일 우리의 눈과 귀를 사로잡고 있다. 큰 사건이다. 그런 대형 사건 뉴스를 보고, 외출하기 위해 주차장으로 갔다. 누가 내 차를 20센티미터 정도 긁어 놓고 갔다. 사건 자체로는 우크라이나 전쟁과 지진이 훨씬 큰 사건이다. 하지만 내게는 내 차의 20센티미터 상처가 훨씬 크다. 우크라이나 전쟁 소식은 머릿속에서 순간적으로 지워졌다. 이 차를 누가 긁었으며, 그 사람을 어떻게 찾을 것이며, 이것을 어떻게 보상받을 것이며, 이 차를 수리했을 때 말끔하게 상처가 없어질 것인가에 온 마음이 쏟아진다.

"세상에서 가장 중요하고, 가장 재미있는 이야기는 내 이야기"이다.

그렇다면 만들어진 이야기를 보는 소비자가 자기 이야기인 것처럼 느끼게 만들 수 있다면? 그것은 더 이상 만들어진 이야기가 아니다. 평가의 대상도 아니다.

내 이야기의 기준이 확장될 수 있을까? "내 차가 20센티미터 긁혔어요. 그런데 내 친구가 교통사고를 당했대요." 이제 가장 중요한 것은 내 차가 아니라 친구의 상태가 된다. 친구의 교통사고는 우크라이나보다는 작은 사건이고 내 사건보다는 큰 사건이다. 내 사건은 아니지만, 나의 마음이 그쪽으로 옮겨 갈 수 있을 만큼의 크기가 되었다. 정서적 반응의 크기는 나를 중심으로 동심원을 넓히면서 감정 이입을 확장시킨다. 물론 감정 이입의 범위가 넓어지면 감정의 농도는 흐려진다.

왜 한일전은 그렇게 꼭 이겨야 할까? 우리나라 안에는 지역감정, 세대 갈등, 남녀 갈등이 있다. 그런데 "일본하고 축구로 붙는대"라는 소식이 들리면 태어나서 축구공 한 번 발로 차 본 적도 없는 사람일지라도, 축구의 룰을 몰라도 중계방송을 찾아 앉는다. 우리끼리의 갈등은 잠시 접어 두고 한마음이 되어 응원한다. 한국인이 동심원 안으로 들어온다. 축구 경기 중계를 보지만 축구를 보는 것이 아니다. 일본을 상대하는, 나를 대신하여 싸우는 '태극 전사'의 활약을 보는 것이다. 일본 앞에 선 축구 선수에게 내가 들어가 있다. 감정 이입이다.

반대되는 현상도 쉽게 찾아볼 수 있다. 우리는 단일 민족적 성향을 갖고 있어서 우리 안에 뭔가 이질적인 것이 섞여 들어왔을 때 단번에 알아볼 수 있는 상황에서 오랜 시간 살아왔다. 외국인에 관해서 배타적인 성향도 있다. 그렇기 때문에 외국인 근로자가 우리나라에 와서 부당한 일을 당했음에도 불구하고 그 사람이 열심히 노력해서 일정한 성공을 거뒀다는 이야기는 대중적인 기획이 되기 어렵다. 언더독이 성공하는 이야기이고, 소수자가 성공하는 이야기이고, 열심히 노력해서 열매를 거두었으니 참 좋은 일이라고 생각은 하지만 그 주인공이 외국인 근로자일 때 관객은 내 이야기로 받아들이려 하지 않는다. 스토리가 아무리 훌륭하고 연기자도, 촬영도 모든 것이 훌륭해도 이 기획으로 1000만 영화가 되리라고 생각하는 사람은 없다. 대한민국 국민 중 1000만 명이 동의할 수 있는 이야기는 아니라는 것이다.

'이순신 장군을 주인공으로 1000만 영화 만들겠어'라는 기획은 가능성이 보인다. 이순신 장군은 세종대왕과 더불어 한민족으로서의 자긍심을 건드리는 치트 키다. 객관적으로 믿을 수 없을 만큼 훌륭한 기록을 갖고 있고 너무 통쾌하기 때문에 언제라도 관객의 적극적 동의를 얻고 감정 이입을 실어서 충분히 1000만 명을 동원할 수 있는 소재이자, 감정 이입의 접점이 세대를 뛰어넘어서 넓고 튼튼하게 펼쳐질 수 있는 소재다.

기획 단계에서 감정 이입의 폭이 어느 정도 되느냐를 판단해야 한다. 이야기의 주인공에 대해서 몇 명이 감정 이입을 할까를 생각해보면 기획의 사이즈가 나온다. 최대 300만 명 정도 갈 수 있을지, 500만 명까지 갈 수 있을지, 시청률 7퍼센트일지 최대 20퍼센트일지를 가늠할 수 있다.

드물게 이 예상을 뛰어넘는 작품들이 나오기도 한다. 〈님아 그 강을 건너지 마오〉, 〈워낭소리〉, 〈이상한 변호사 우영우〉 같은 경우다. 하지만 예외를 기준으로 삼는 기획은 위험하다.

감정 이입을 만드는 첫 번째 방법은 보편적 정서를 활용하는 것이다. 이야기에서는 등장인물들이 지금, 여기에 사는 사람들이 아닌 경우가 많다. 동물이거나 옛날 사람이거나 마법사거나 정령이거나 하는 경우다. 이야기 소비자가 공통점이 단 하나도 없는 캐릭터에게 감정 이입할 수 있는 방법은 익숙한 정서의 접점을 만드는 것이다. 보편적으로 사람들은 악보다는 선이 이기는 것을 좋아하고, 강자보다는 약자가 이기는 것을 좋아한다. 누구나 알 수 있는 보편적인 감정이 있다. 그것을 통해서 감정 이입의 판을 펼쳐 나가는 것이다. 지금 내가 보여 주고자 하는 이 동물 캐릭터에게 어떤 약점을 부여하여 익숙하게 알고 있는 인간관계의 어떤 위치에 놓을 것인지 결정하는 것이다.

동물들이 사람처럼 사회를 이루고 살아가고 있는 세상에서 가장 힘이 약하고 체구가 작은 토끼가 굳이 "나는 경찰관이 될 거야"라고 했을 때, 토끼 캐릭터에게 어떤 감정 이입을 할 수 있을까? 기득권이 튼튼하게 자리 잡고 텃세를 부리는 사회에서 살아가고 있는 사람이라면 누구라도 느낄 수 있는 감정을 줄 수 있을 것이다. 그러면 동물 사회의 토끼지만 마음을 실을 수 있게 된다.

인간의 보편적 정서가 무엇인지 알아야 한다. 강자에게 도전하고 이기는 존재를 응원하고 싶어 하는 것이 근본적이고 보편적인 정서라면, 지금 시대의 약자는 누구일까 생각해야 한다. 1990년대 트렌디 드라마 사례에서 학력이 부족하고 가난한 환경의 미혼 여자 주인공 세팅이 흔하다고 언급했다. 그 시대에 '약자'의 위치에 있던 사람의 조건이다. 21세기로 접어들면서 비슷한 이야기 구조 속 여성 주인공은 부당한 이유로 이혼을 당하고 아이가 있는 경우도 나타나기 시작했다. 어느 순간부터 학력이 부족하고 가난하다 할지라도 미혼 여성은 부당하게 경제적 능력을 상실한 경단녀, 이혼을 당한 여성보다는 사회적으로 파워가 있다고 여겨지기 시작했다는 뜻이다. 그래서 감정 이입이 쉬운 약자는 남편이 바람나서 고생한 보람도 없이 버림받은 여성이 되었다. 그녀가 잘생기고 멋진 본부장님들의 도움을 통해서 환골탈태한다. 1990년대에 사랑을 이루고 결혼을 하는 것이 약자의 성공이었다면, 이혼당한 여성은 멋진 커리어 우먼으로 성장하여 성공으로 복수한다. 약 10년 정도 이런 이야기가 주류를 이뤘다.

2023년 지금의 약자는 누구일까? 이야기 콘텐츠를 소비하는 대중이 쉽게 감정 이입하는 대상은 누구일까? 회귀물 주인공들에게 많이 부여되는 조건은 '계약직', '사랑받지 못한 성장 환경', '가난한 일상' 등이다.

지금 시대의 약자는 어디에 위치하고 있는지, 보편적으로 마음을 쏟을 수 있는 사람들은 누구인지를 알기 위해 사회가 품고 있는 갈등도 잘 살펴봐야 한다. 시대를 막론하고 '권력과 싸우는 사람들의 이야기', '권력에 의해 부당한 처우를 받은 개인이 부당함을 이기고 억울함을 밝혀내는 이야기'들은 여러 세대를 지나더라도, 어느 때에나 있던 이야기이기 때문에 보편적으로 감정 이입을 끌어낼 수 있다.

주의할 것은 권선징악의 보편성이다. 권선징악이라는 메시지 자체는 어느 시대에나 통용된다. 그러나 선과 악이 변한다. 과거에는 선이었던 것이 지금은 선이 아닐 수 있고, 과거에는 악으로 규정됐던 것이 지금은 그냥 매력이 되기도 한다. 판단 기준이 시대에 따라서 변해 가는 영역은 감정 이입 수위를 예민하게 조정해야 한다. '저 사람이 뭐가 불쌍해? 내가 더 불쌍하다'라는 반응이 나오는 순간 마법이 깨진다. 불쌍하지 않은 사람을 갖다 놓고 계속해서 이 사람을 불쌍히 여기라고 하면 돌아서는 관객의 뒷모습을 봐야 할 것이다. 사안마다 대중의 정서적 게이지가 어느 정도에 와 있는가를 파악할 수 있으려면 시사 정보도 놓치지 말아야 한다. 작가는 거의 모든 분야에서 누구와 만나서 이야기할지라도 대화가 가능할 만큼의 보편적 상식을 갖추고 있어야 한다.

대중문화를 위한 이야기 창작은 동시대성을 지녀야 한다. '우리는 지금 어디를 향해 가고 있는가?'에 귀를 기울여야 하고, 창작자도 자신의 스탠스를 정해야 할 때가 온다. '나는 이 문제에 대해 이렇게 생각해'라는 철학과 관점이 없다면, 하고자 하는 이야기의 가치관이 분명하지 않다면 기계적인 기술자가 된다.

(2) 감정 이입을 만들어 주는 요소들
- 성장 환경, 매력, 콘텍스트

언더독이 성공하는 이야기가 기본적으로 감정 이입을 만들어 내는 데 좋다면, 어떤 요소가 언더독을 만들 수 있을까?

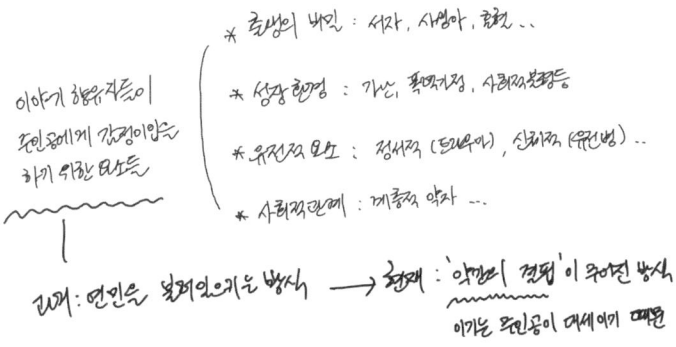

'출생의 비밀' 같은 것이 손쉬운 요소다. "아버지를 아버지라 부르지 못하고"의 홍길동으로부터 "당신 아이가 아니에요"까지, 건강하지 못한 관계에서의 출생한 사람은 험한 가정환경에서 자랐을 확률도 높고, 생부 생모를 그리워했을 수 있고, 좋은 양육을 받지 못하고 관

심과 사랑도 받지 못했을 것이라는 가정을 내포한다. 출생의 비밀은 오래전부터 주인공에게 주는 핸디캡(언더독으로 포지셔닝할 수 있는 좋은 요소)으로 쓰이긴 했다. 또 현대 사회에서는 사라진 표현이지만 판타지에서 많이 쓰이는 사생아가 있다. 계급 사회로 이야기를 가져간 판타지에서 왕이나 귀족의 사생아는 유용한 코드다.

두 번째는 성장 환경이다. 출생의 비밀에서 연결된 성장 환경도 있지만, 부모 밑에서 자랐더라도 환경 자체가 지나치게 가난하거나, 폭력적이거나, 사회적으로 불평등한 계층이거나, 혼혈로 차별을 받고 자라는 등 살면서 많은 고난을 겪는 환경은 언더독을 만들기 좋은 요소다.

유전적 요소도 활용할 수 있다. 정신적 유전 요소, 신체적 유전 요소 모두 가능하다. 예를 들어 혈우병은 마음껏 운동하지 못하는 위축 요소가 되는 동시에 자식에게 유전될 수 있다는 가능성 때문에 이성을 사귈 때 미래를 약속하지 못하는 불안감으로 언더독의 요소가 될 수 있다. 유전이 아닌 질병도 언더독을 만들기에 수월한 요소다. 여러 질병의 원인과 증상을 다양하게 조사하고 자료로 갖추고 있으면 캐릭터를 설정할 때 활용할 수 있다.

정신적인 부분도 마찬가지다. 유전적인 요소가 아니라도 큰 사고로 외상 후 스트레스 장애를 겪거나 정신적으로 충격을 받고 건강하지 못한 상태에 빠질 수 있다. 공황 장애와 불면증은 심리 묘사에 유용하고 현대인에게 많이 나타나는 증상이라 최근 드라마에서 자주 쓰인다.

유전으로 인해 신체적, 정신적 건강을 잃은 상황에는 연민의 요소가 더 넓다. 스스로의 잘못이 아니기 때문이다. 만약 친구들과 담력

테스트를 하다가 3층에서 뛰어내려 장애를 갖게 됐다면 감정 이입 지점이 좁다. 자신의 잘못으로 인해 생긴 핸디캡이기 때문이다. 똑같은 다리 장애인데 소아마비 유전이거나 아버지의 폭력 때문에 생긴 장애라면, 연민 지점이 넓어지면서 언더독 포지션을 갖기에 유리하다.

사회적 관계에서도 찾아볼 수 있다. 〈실미도〉에서 강인찬이 지닌 내적 결핍은 연좌제에 의한 것이었다. 계층적 약자도 언더독이 된다. 판타지 장르의 계급 사회에서 '하녀가 됐다'든가 '길거리의 아이가 됐다'면 감정 이입 지점을 넓게 가질 수 있다. 하녀나 거리의 아이로 살아 보지 못했지만 보편적인 약자라고 상상할 수 있기 때문이다.

물론 연민이 느껴지는 설정만으로 감정 이입의 마법을 만들 수는 없다. 1990년대 트렌디 드라마에서는 여자 주인공에게 연민을 느끼게 하기 위해서 가능한 설정을 다 갖다 넣었다.

'어렸을 때 부모를 잃었어. 불쌍하지? 고모네 집에 맡겨졌는데 거기서 맞고 자랐어. 불쌍하지? 그러는 바람에 학교를 다 마치지 못하고 공장에 가서 일을 해야 했어. 불쌍하지? 와, 이번에는 병까지 걸렸네. 백혈병이야. 불쌍하지. 어때? 이렇게 불쌍한데 아직도 불쌍해하지 않을 거야? 얘 응원하지 않을 거야?'

1990년대에는 작동했던 설정이다.

그러나 이제는 연민을 강요받으면 주인공을 외면한다. 이기는 주인공, 멋진 주인공을 보고 싶은 욕망이 훨씬 크다. 이제는 연민의 지점을 섬세하게, 적절히 가미해야 한다.

'이것도 잘하고 저것도 잘해. 키 크고 잘생겼어. 스윗하면서 나쁜 남자의 면모도 있어. 내 여자한테만큼은 강아지 같아. 딱 하나, 폐소공포증이 있어. 폐소공포증은 어렸을 때 가슴 아픈 사연으로 생긴 거

야. 어때? 이 부분은 조금 인간답고 보듬어 주고 싶어지는 그런 모습 아니야?'

이렇게 농도가 조절되어 간다. 완전한 언더독을 만들어서 진한 연민으로 감정을 이입시키고 수직 상승하는 이야기를 선호하던 시대로부터, 잘난 사람이 더 잘난 일을 멋있게 해내면서 핸디캡도 치유받는 과정으로 선호도가 바뀌고 있다. 기본은 바뀌지 않지만 적용은 매번 바뀐다. 기본을 확실하게 안다면 적용 가능하다.

매운맛에 대한 선호도도 바뀐다. 단것에 대한 선호도도 바뀐다. 입맛이 바뀌는 것이다.

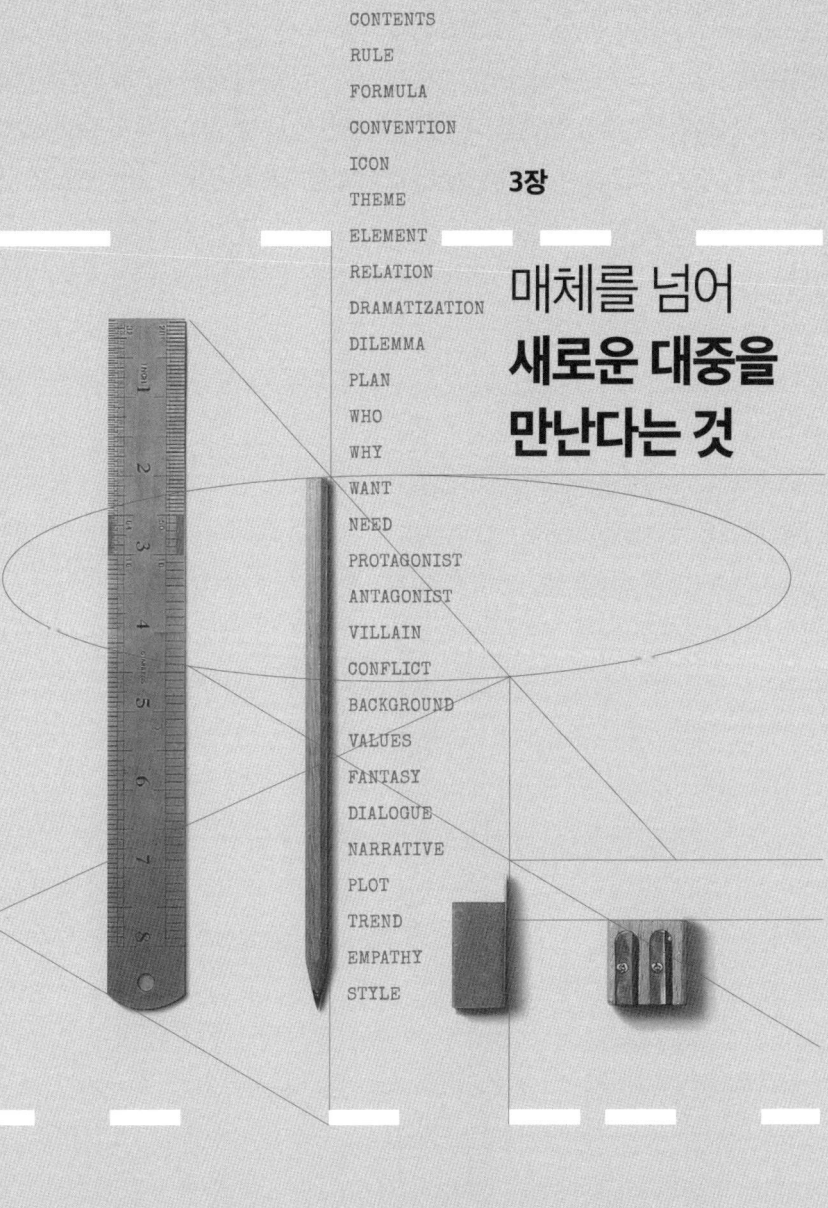

3장

매체를 넘어
새로운 대중을
만난다는 것

CONTENTS
RULE
FORMULA
CONVENTION
ICON
THEME
ELEMENT
RELATION
DRAMATIZATION
DILEMMA
PLAN
WHO
WHY
WANT
NEED
PROTAGONIST
ANTAGONIST
VILLAIN
CONFLICT
BACKGROUND
VALUES
FANTASY
DIALOGUE
NARRATIVE
PLOT
TREND
EMPATHY
STYLE

1. 문체

(1) 미문의 유혹

아름다운 문장은 좋은 것이다. 작가의 생각을 담아내는 적절한 표현, 가장 적합한 언어를 찾아내는 일은 작가가 느끼는 즐거움인 동시에 고통이다. 조사로 '는'을 쓸 것이냐 '가'를 쓸 것이냐를 결정하기 위해서 꼬박 밤을 새웠다는 소설가의 이야기는 감동을 준다. 아름다운 문장을 만들어 내는 작업도 즐거움이고, 아름다운 문장을 보는 일도 즐거움이다. 경계해야 할 '미문의 유혹'은 그 순수한 창작의 과정을 지나쳐 버린 상태를 말한다. 작가가 뽐내고 싶어서, 문장 자체의 화려함에 스스로 도취하여 쓰는 글이다.

이 책에서 다루고 있는 것은 산업 안에서의 이야기 설계이므로 동시대성을 가져야 한다고 반복해서 강조하고 있다. 웹소설과 장르 소설을 제외하면 대부분 영화나 드라마나 웹툰처럼 이미지와 함께 가는 이야기에 대한 논의다. 그 이야기는 최종적으로 이미지를 만드는 창작자의 손에서 완성된다.

시나리오는 문자 언어로 그린 상상의 세계가 영상화되었을 때 작품으로서의 완결성을 가진다. 따라서 문장은 영상을 잘 만들어 내도록 다양한 지시를 효율적으로 담아내야 하는, 기능적 목적을 가진다. 필력을 자랑하고 멋진 단어를 나열하면서 읽는 사람이 무슨 의도인지 파악하기 어렵도록 길게 써 내려갔다면, 그 시나리오는 목적에서 벗어난 것이다. 시나리오에는 많은 지시가 있다. 음악, 미술, 조명, 날씨, 건물, 심지어 연기에 대해서도 지시한다. 그 하나하나는 최종 영상으로 가기 위한, 완성도 높은 영상을 만들기 위한 도구다. 만약 도구 자체를 뽐내기 위해서 화면과 상관없는 OST가 어마어마하게 펼쳐진다면, 음악 자체로 아무리 완결성이 높다고 해도 이것은 실패한 음악이 된다.

그렇기에 시나리오에 쓰이는 문장은 먼저 효율적이고 기능적이어야 한다. 이와 동시에 아름답기까지 하다면 더 바랄 것이 없겠지만 말이다. 시나리오는 돈, 시간, 재능을 쏟아 멋진 영화 한 편을 만들고자 하는 100명 이상의 사람들을 이끌어 가는 항해도법이다. 미문의 유혹에 빠져 본질을 잃지 말아야 한다.

문장 자체로 전달되는 장르 소설 혹은 웹소설이라도 이야기를 보고지 하는 독자에게 이야기를 주어야 한다. 이야기를 소비하고자 하는 사람들에게 글은 표현의 한 방법이다. 그런데 표현의 방법이 소비하고 싶은 본질을 가린다면 주객이 전도된 것이다. 빨리 호떡을 먹고 싶은데 포장을 호텔 삼단 케이크처럼 겹겹이 하고 리본을 붙이면, 포장을 푸는 동안 호떡은 다 식어 버리고 그사이에 입맛을 잃을 수도 있다.

공모전에서 화려한 문체의 미문은 마이너스 요소다. 이야기를 심사하는 시나리오 공모전에서는 영상 언어를 잘 이해하고 있는 재미

있는 이야기, 그것을 효율적으로 표현한 작품이 훨씬 높은 점수를 받는다. 심사위원들은 단시간에 수십 수백 편의 작품을 심사한다. 작가가 잘난 척한다고 느껴지는 시나리오에는 금세 흥미를 잃는다.

  매체에 맞는, 효율적이면서 매력적인 문장은 계속 고민하고 노력해야 한다. 다양한 작품을 많이 읽는 것은 좋은 훈련이다. 웹소설 작가가 되고 싶다면 웹소설을, 시나리오 작가가 되고 싶다면 시나리오를 우선해서 읽어야 한다. 그 외의 매체까지 넓혀서 활자 중독자처럼 읽어 내려가면 그 가운데 자신에게 잘 맞는 문체를 만날 수 있다.

  또 하나의 훈련 방법은 영화를 틀어 놓고 시나리오로 옮겨 보는 것이다. 장면을 멈춰 가며 시나리오처럼 모든 컷을 문자 언어로 바꿔 보는 것이다. 그렇게 완성된 시나리오와 오리지널 작가의 시나리오를 놓고 비교하면 큰 공부가 된다. 얼마나 효율적으로 썼는지, 아니면 불필요한 부분까지 썼는지, 꼭 지시했어야 하는 부분을 빠뜨리지는 않았는지 비교해 볼 수 있다.

  복합 문장, 긴 문장은 어떤 매체에서도 환영받지 못한다. 긴 복합 문장을 오류 없이, 주어와 술어 수미상응을 잘 맞춰서 써낼 수 있다는 건 분명히 좋은 능력이지만 뽐내고 싶은 것으로 보이기 때문에 지양하는 편이 좋다.

(2) 대사와 지문

'대사와 지문'은 영상 콘텐츠를 위한 이야기를 표현하는 도구다(대사가 많은 웹소설도 비슷하기는 하지만 영상을 위한 지문과는 구별된다). 대사와 지문을 쓴다는 것은 최종적 글쓰기를 시작했다는 뜻인데, 이 작업 전에 작가의 머릿속에는 완성된 영상이 있어야 한다. 작가에게 이야기가 문자로 남아 있지 않고 이미지로, 살아 있는 사람의 목소리로 입력돼 있는 상태에서 시작해야 한다는 의미다. 대사와 지문은 머릿속으로 흐르는 영상을 문자 언어로 기술하는 작업이다.

학생들 원고 가운데 이런 경우가 있다. A라는 사람이 들어와서 "털썩 주저앉는다"라는 지문이 쓰여 있다. 대사를 한 후 다시 "A가 털썩 주저앉으며"라는 지문이 나온다. 일어선 적 없는 사람이 앉은 상태에서 다시 앉게 된 이유는 지문을 쓰면서 머릿속에 영상이 없었기 때문이다. 자기 작품을 쓸 때도 다른 사람의 작품을 읽을 때도, 영상화를 위한 원고일 경우에는 머릿속으로 영상이 흐르도록 해야 한다. 흐르는 영상 속에는 공간의 규모, 날씨, 습도, 흐르는 사운드, 어느 정도의 백색 소음까지 현실처럼 구현되고 있다. 이 장면을 영상으로 구현해 낼 사람들에게 꼭 전달해야 할 것이 이 중에서 무엇일까를 판단해서 문장을 쓰는 것이다. 그래서 효율적인 문장이 중요하다.

지문의 밀도는 작가나 감독마다 다르다. 지문을 소설처럼 쓰는 사람도 있고 한 줄로 한 컷을 기술하는 사람도 있다. 무엇이 더 좋거나 나쁘다고 말할 수는 없다. 자신의 스타일을 만들어 가되 영상화를 위해서 이 작업에 참여하는 모든 사람, 즉 미술 스태프, 조명 스태프, 음악 스태프, 연출자, 기획자, 연기자, 투자자, 로케이션 매니저, 분장 스태프, 의상 스태프, CG 회사, 마케팅 담당자 등등 정말 많은 사람이 머릿속에 같은 이미지를 떠올릴 수 있도록 써야 한다는 점을 잊지 말아야 한다.

가독성이 좋은 문장으로 쓰는 훈련을 권한다. 시나리오의 편집도 가독성에 중요하게 작용한다. 특히 공모전에 줄 바꿈도 없고 단락도 잘 나눠지지 않은 채로 길게 쓴 작품을 내는 것은 마이너스 점수를 자초하는 행위다. 가독성에 관해 조금도 생각하지 않은 원고는 아무도 배려하지 않는 원고고, 내 원고가 잘 읽혔으면 좋겠다는 의도조차 없는 원고처럼 보이기 때문에 좋지 않다. 아이가 나가서 사랑받게 하고 싶으면 깨끗이 씻기고, 예쁘게 입혀서 내보내야 한다. 너무 훌륭한 아이인데 지저분하게 흙먼지 묻은 옷을 입혀서 내보낸다면 아이의 훌륭함이 보일 리 없다. 가독성 높은 편집을 통해 시나리오를 읽기 좋게 만들고, 지문도 머릿속으로 영상이 흐를 수 있도록 보여 주면서도 지나치게 길지 않고, 효율적으로 있어야 할 것이 들어가 있도록 다듬도록 하자. 이야기의 매력이 비슷하다면 잘 읽히는 원고가 높은 점수를 받는다.

사람의 철학, 가치관을 드러내는 데 있어서 가장 자주 쓰이는 수단은 '말'이다. 사람은 언어를 통해 감정을 전달하고, 지식을 공유하고, 정보를 전달한다. 인물을 표현하는 방식에 있어서(물론 옷으로도 표현할 수 있고 행동적 선택, 헤어스타일로도 표현할 수 있지만) 말은 절대적인 위치를 지닌다. 인물 표현의 70~80퍼센트는 대사를 통해 이뤄진다.

"대사를 잘 쓰는 방법은 무엇인가요?" 많이 나오는 질문이다. 유려한 말솜씨를 자랑한다고 해서 좋은 대사는 아니다. 적절한 타이밍에 먼 곳을 보며 내뱉은 "그려"라는 한 마디가 명대사가 되기도 한다.

작가는 자신의 생각과 말투를 다 내려놓아야 한다. 이야기 속 등장인물들은 작가의 사상과 생각, 세계관 안에서 탄생하지만 이 사람들의 생각은 다 달라야 하고, 표현 방식 역시 모두가 달라야 한다. 작가가 자신의 언어, 자기가 잘 쓰는 표현, 자기에게 익숙한 단어들을 가지고 인물에게 대사를 주면 한 사람이 이야기하고 있는 듯한 느낌을 준다.

대사를 쓰기 전, 작가가 인물에게 감정 이입을 해야 한다. 인물 안으로 들어가야 한다. 작가는 이 세상 누구도 알지 못하는 이 인물의 모든 것을 알고 있다. 어떻게 태어났고, 어떤 환경에서 자랐고, 키가 어떻고, 어디에서 학교를 다녔으며, 어떤 음식을 좋아하고……. 작가 안에서 이미 살아 있는 인물이 주어진 상황으로 뛰어 들어간 것이다. 그러면 두드려 맞는 내 친구를 봤을 때 먼저 달려 나갈지, "야!"라고 소리칠지, 경찰에 전화를 걸지, 달려가서 때리고 있는 애를 잡아 "너 이 새끼 뭐야!"라고 말할지, "너 괜찮아?"라고 물을지를 알 수 있다.

길을 가는데 5만 원짜리 현금이 떨어져 있다. 머릿속으로 중학교 친구, 고등학교 친구, 사회에서 만난 친구, 이렇게 세 명을 떠올려 보

자. 5만 원을 발견했을 때 A는 뭐라고 말하고, B는 뭐라고 말하고, C는 뭐라고 말할지를 상상할 수 있다. "왓! 로또 맞았네", "뭐 사 먹자", "이거 누가 떨어뜨린 거지? 저분인가?" 등으로 다 다를 것이고, 그 다름을 상상할 수 있다. 아는 사람이고 살아 있는 사람이기 때문이다. 창작한 인물이 작가와 그만큼 친밀해져 있다면, 어떤 상황에서 어떻게 말할지는 이미 알고 있는 상황이 된다.

중요한 정보 전달도 대사로 이뤄진다. 특히 장르물의 경우 "누가 갔습니다", "누가 뭐라고 이야기했습니다" 같은 단순 정보부터 연설, 비밀 모의, 회의 등이 자주 나온다. 많은 정보를 전달해야 하는 대사는 재미없어지기 쉽다. 드라마라면 채널이 돌아가는 순간이다. 꼭 필요한 최소한의 정보인지 판단해야 한다.

특정한 전문 영역을 다루는 작품을 쓰기 위해 작가들은 자료 조사를 하는데, 자료 조사 과정에서 알게 되는 재미있고 신기한 정보가 많다. 너무 신기하니까 작품 안에 녹이고 싶은 욕망에 시달린다. 내가 느꼈던 재미와 즐거움이 대사를 통해서도 충분히 전달될 거라 생각하며 굳이 알지 않아도 되는 정보까지 대사에 담는 경우가 많은데, 정보는 가능하면 영상 언어로 푸는 편이 좋다. 영상으로도 전달되지 못한 필수 정보를 대사로 전달해야 한다.

대사를 소리 내서 읽어 보는 것이 좋다. 배우가 실제로 발음할 수 있는가, 무리 없이 발음할 수 있는가, 리듬이 좋은가, 내재율이 있는가를 알기 위해서는 소리 내서 읽는 방법이 가장 좋다.

의도적으로 멋진 대사를 쓰려는 것은 미문의 유혹에 빠지는 것과 비슷하다. 일상에서는 그렇게 멋진 말을 하지 않는다. 경구와 명언을 쓰지도 않는다. 물론 "공자께서 말씀하셨지"가 유효한 장르도 있다.

대중이 거부감 없이 받아들인다면 멋진 대사가 왜 나쁘겠는가.

장르와 먼 단어인데 캐릭터, 분위기, 설정이 딱 맞아떨어져 엄청난 반응을 일으키는 대사도 있다. 예를 들면 〈나의 해방 일지〉의 "나를 추앙해요"는 향후 10년간 이 정도로 임팩트 있는 드라마 대사가 나올까 싶은 반향을 일으켰다. '추앙하라'는 대사는 작가 외에 함께 참여하는 모든 사람을 걱정하게 만든 대사였다는 후문도 있다. 신인 작가는 그런 대사를 밀어붙이기가 어렵다. 일상적인 표현을 자연스럽게 잘 써 나가는 훈련을 먼저 하는 편이 좋다.

편안한 대사를 자연스럽게 쓰는 것은 흰쌀밥과 같은 기본이다. 익숙해지고, 필모그래피가 쌓이면 멋이 가미된 대사도 쓸 수 있게 된다. 전문직의 인포메이션 전달 대사를 쓰는 것에 몰두하기 전에 전문 지식에 대한 기본적인 이해가 선행되어야 한다. 그러면 정보 전달처럼 보이지 않으면서 본질적으로 해야 할 말을 추려 낼 수 있다. 훈련된 사람은 어려운 내용을 쉬운 언어로 전달할 수 있다. 이것 역시 재능이 아닌 훈련이다.

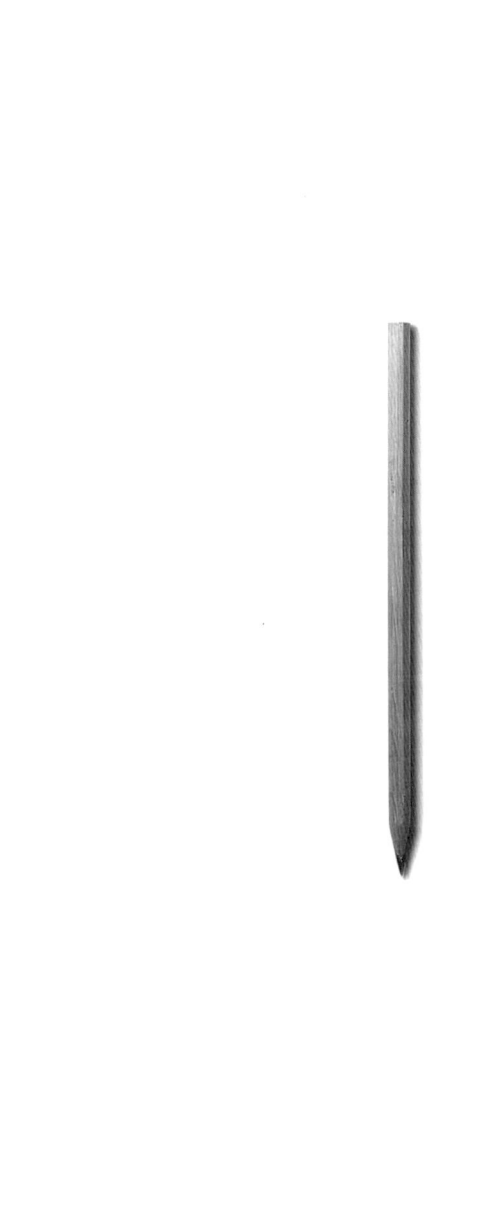

2. 매체의 속성과 문법에 맞게 내 이야기 변형하기

　매체가 다양해졌다. 매체를 활용하는 디바이스도 다양해졌다. 매체를 소비하는 환경도 달라졌다. 예전에 드라마는 온 식구가 거실에 모여 한 대의 TV로 실시간 시청하는 것이었나. 지금은 VOD로 지하철에서 핸드폰으로 드라마를 볼 수 있다. 예전에는 돈 내고 극장에 가서 보는 것이 영화였지만, 요즘은 20분으로 편집된 유튜브 콘텐츠를 보고 영화를 봤다고 말하는 사람도 많다.

　주 2회 방영되는 드라마와 한꺼번에 8부까지 업로드된 OTT 드라마를 같은 문법으로 쓸 수는 없다. 공중파의 일일 아침 드라마와 주말극을 보는 시청층과, 구독한 채널에서 전편을 정주행하는 소비자를 똑같은 드라마 소비자로 분류하고 분석할 수 있을까?

　원형의 이야기는 같아도 세상에 내놓는 매체가 다를 때 설계 방법은 완전히 달라진다. 주 2회 방영되는 공중파 드라마에서 1부에서 심은 복선을 8부에서 거둔다면 아무도 그것을 기억해 주지 않겠지만, OTT 드라마에서는 가능하다. 매체는 매체 자체의 문법을 가지고 있고, 그 매체를 소비하는 대중과의 약속이 있다. 새로운 매체의 콘텐츠를 만들 때마다 처음 이야기를 설계하던 초보 작가의 마음과 태도로 겸손하게 그 문법을 배워야 한다.

TV 드라마계에서 톱스타였던 작가가 영화 시나리오를 썼는데 망했다거나, 장르 소설에서 두터운 팬 층을 가진 작가가 웹소설을 썼다가 철저하게 외면당한 이야기는 드물지 않다.

나는 1990년에 라디오 구성 작가로 시작했다. 심야 FM 음악 방송이었다. 우연한 기회에 그 당시 르네상스를 맞은 출판 만화, 그러니까 대본소에서 대여하는 방식으로 볼 수 있던 만화 스토리를 쓰기 시작했다. 그렇게 한참을 쓰다가 너무 소진된 느낌에 충전을 하기 위해 영화 연출 전공으로 대학원에 진학했고, 거기서 만난 선배를 통해 시나리오 작가의 길을 걷기 시작했다. 영화를 쓰다가 우연한 기회에 TV 드라마를 쓸 수 있게 되었고, 애니메이션 회사와 협업도 했고, 회사를 차리게 됐고, 회사에서 웹툰 스토리를 쓰기도 하고 소설을 쓰기도 했다. 에세이를 쓰기도 했고, 뮤지컬 스토리 디벨롭도 했다. 지금은 다시 소설과 TV 드라마를 쓰고 있다. 이야기의 원형은 상업적이고 대중적인 장르 스토리지만, 다양한 매체를 지나왔다. 30년이 넘는 시간 동안 뼈저리게 느낀 것은 '매체를 건너갈 때는 무조건 겸손해야 한다' 라는 것이다.

만화 스토리를 쓸 때는 초장편 만화를 많이 썼다. 하나의 타이틀로 평균 13권, 길면 50권씩 이어지는 만화를 썼다. 한 권당 원고지 70매 분량이었다. 영화 시나리오는 만화책 두세 권 분량이었다. 한 달에 열 권 이상을 10년 쯤 썼을 때 시나리오 작업을 시작했다. 영화 연출을 전공했음에도 불구하고 워낙 많은 분량의 원고를 썼고, 이미지로 표현하는 것은 비슷하지 않나 생각했다. 그러나 영화로 건너오는 과정에서 굉장히 고된 훈련을 겪었다. 영화에서 드라마로 넘어가면서도 비슷한 진통을 겪었다.

이야기는 기본적으로 같다. 이야기를 들을 사람들이 내가 느낀 감정을 느꼈으면 좋겠고 내가 느낀 이야기의 즐거움을, 감춰 놓은 즐거움을 발견해 주기를 바란다. 공감받고 싶어서 만들어지는 것이 이야기이고, 공감받기 위해서 잘 표현하고 잘 포장해서 내놓는 것이 이야기이다. 그렇다면 원형이 재미있다고 할지라도 그것을 포장해서 내놓는 과정에서도 끊임없이 노력해야만 한다. 이야기를 소비하는 사람들이 살아가고 있는 세상이 지독하게 빠른 속도로 엄청나게 변화하고 있기 때문이다. 정말 큰 문제라고, 너무 큰 문제라고 던졌는데 받는 사람이 그게 뭐가 큰 문제냐고 받는나면 공감은 절대로 일어나지 않는다. 공감의 앞 단계에 벌어져야 하는 것이 바로 이해다. 서로 이해할 수 있는 이야기를 해야 하는데 창작하는 사람들이 삶의 변화 속도를 제대로 판단하지 못한다면 이미 뒤떨어진 이야기, 아무도 관심 갖지 않는 이야기를 하게 된다.

여기에 큰 함정이 있는데, 영상을 만드는 과정이 굉장히 오래 걸린다는 점이다. 이야기를 처음 셋업했을 때로부터 실제로 영상이 세상에 나오기까지 최소 1년, 길게는 5~6년, 〈오징어 게임〉 같은 경우는 10년이 걸렸다고 한다. 자본이 투자되고, 캐스팅도 해야 하고, 편성도 받으려면 몇 년이 쉽게 흘러가 버린다. 그러니 지금 당장 소비되지 않으면 안 되는, 너무 짧은 시간밖에는 호응받지 못하는 이야기는 대중문화 콘텐츠로서 건강하지 않다.

몇 년의 시간이 지나도 이야기될 수 있을 만한 담론을 담고 있되 동시대성을 잃지 않을 수 있는 감각을 유지하고 있는 상태. 2~3년 뒤에도 호흡할 수 있는 이야기, 그래서 이해받고 이해를 넘어서 공감을 받을 수 있는 이야기를 잘 만들어 나가야 한다.

마무리하며

 영상 산업 안에서의 이야기는 끝없는 설득의 과정을 거쳐야 세상에 선보일 수 있다. 자본을 설득하고, 배우를 설득하고, 매체를 설득해야 한다. 그리고 최종에는 몇백만 명의 관객을, 시청사를 설득해야 한다. 가족조차 나의 이야기를 100퍼센트 이해해 주기 어려운데, 얼굴과 얼굴을 맞대고 나의 음성으로 이야기를 전해도 이해시키기 어려운데 다른 환경, 연령, 경험을 가진 수백만 명에게 내 목소리도 아니고 배우의 입을 통해, 스크린을 통해, TV를 통해, 모니터를 통해 건너가서 그들의 가슴에 닿아 끝내 감동을 느끼게 하는 일이 어떻게 쉽겠는가. 너무너무 어려운 일이다. 그것을 훈련 없이, 노력 없이, 공부하지 않고 이뤄 낼 수 있다고 생각한다면 대단한 착각이고 오만이다.
 신인 작가들이 데뷔할 수 있는 통로가 예전보다 많이 넓어졌다. 꼭 장편이 아니어도 시도해 볼 수 있는 매체도 많고 공모전도 많다. 요즘 신인 작가를 소개해 달라는 전화를 자주 받고 있다. 그래서 작가들에게는 좋은 시대가 시작되었다고 한다. 하지만 이야기를 설계하고 글로 쓴다는 것은 누구와도 공유할 수 없는 외로운 작업이고, 정답도 없는 길이다.

  어제 잘 썼다고 해서 오늘 쓰는 작품이 좋으리라는 보장도 없다. 훈련을 통해서 어느 정도의 기초 체력을 쌓을 수는 있지만 언제나 새롭게 시작하는 선에 있다.

  이야기 설계자는 평생 어려운 작업이고 그래서 평생 매력을 느끼며 갈 수 있는 직업이다.

<본 작품은 2022학년도 추계예술대학교 특별연구비 지원을 받아 제작된 것입니다.>

이야기를 설계하라

1판 1쇄	2023년 2월 28일
ISBN	979-11-88660-56-8 (03800)
지은이	김희재
발행인	김희재
편집	추태영 김근형
그림	김근형
마케팅	김근형 강성삼
표지디자인	이경란
내지디자인	박초아
교정교열	김세나
펴낸곳	(주)올댓스토리
출판등록	2009년 11월 23일 제2009-000151호
주소	서울특별시 마포구 성지3길 67 4층
전화	02-564-6922
홈페이지	www.storycabinets.net
전자우편	cabinet@allthatstory.co.kr

- 캐비넷은 (주)올댓스토리의 임프린트입니다.
- 이 책의 판권은 지은이와 캐비넷에 있습니다.
- 이 책 내용의 전부 또는 일부를 재사용하려면 반드시 양측의 동의를 얻어야 합니다.
- 잘못된 책은 구입처에서 바꾸어 드립니다.